CÓMO DEJAR DE PROCRASTINAR

UNA GUÍA SIMPLE PARA ROMPER EL HÁBITO DE LA PROCRASTINACIÓN Y AUMENTAR TU PRODUCTIVIDAD

JOSÉ RODRÍGUEZ

ÍNDICE

INTRODUCCIÓN

Si estás leyendo estas palabras, felicidades, acabas de dar el primer paso ante esa fea enfermedad que ha llenado tu vida y tus acciones, llamada procrastinación.

No dudo que empieces esta lectura como excusa para dejar de lado algo más, pero espero que puedas darle la vuelta a esa situación y saques del libro el provecho que espero que tenga mientras lo escribo.

Si estás aquí, no me cabe duda de que es porque quieres dejar de lado esa necesidad de retrasar objetivos y esos pensamientos procrastinadores que te invaden. Probablemente tu deseo se extiende hasta la habilidad de organizarte de una manera óptima y así lograr la productividad que hace tiempo que no tienes.

La verdad es que, probablemente, no quieras salir de tu agujero procrastinador, porque tu falta de inspiración y la carencia de algo que te motive no te permite enfrentarte a esa falta de energía y languidez mental; sin embargo, tampoco quieres que esto te afecte negativamente a futuro ni que ponga en jaque tu realización personal y tus proyectos a futuro.

Sin duda estás en una situación inquietante.

Pero no en una imposible.

Recuerda que leer este libro ya es el primer paso hacia la salida de ese agujero de contradicciones en el que te encuentras. En estas páginas encontrarás diversas razones que se esconden tras la procrastinación, y seguramente podrás verte reflejado en más de un ejemplo de los que aquí se manejan.

Este pequeño libro, maneja diversos métodos y tácticas y presenta un sinfín de consejos para que puedas aplicarlos en todas las tareas y proyectos en los que estés inmerso, ayudándote a superar las barreras que te impone tu mente, como el miedo, la indecisión, la falta de energía y tu escaso sentido de la organización, cosa que, si sigues leyendo, podrás subsanar rápidamente.

Si sigues al pie de la letra los métodos e implementas todas las herramientas que se te presentan, seguramente en poco tiempo lograrás escalar el agujero y llegar al lugar en el que siempre debiste haber estado, un lugar en donde tu subconsciente se ha reprogramado para que actúes de la manera que deseas.

A lo largo de mis años de investigación y lectura respecto a la procrastinación, me he documentado lo suficiente como para asegurarte que sacarás de aquí más que una buena lectura de domingo. Te lo garantizo, tanto por mi como por las fuentes que se manejan y que resultan ser lecturas sencillas de leer y de encontrar, para que así puedas seguir documentándote al respecto.

¿Por qué me dediqué tanto a educarme respecto a este tema? La respuesta es sencilla, yo era parte de ese enorme porcentaje procrastinador del que está hecho el mundo. Sin embargo, durante las dinámicas de la investigación, encontré que este sentimiento es algo muy natural en los seres humanos, algo que va más allá de un mal hábito y, por ello, algo que necesita de cierta ayuda para erradicarse.

Con los métodos que encontrarás a lo largo de este libro, te será relativamente sencillo cambiar el hecho de posponer tareas a realizarlas en el momento adecuado para ejercitar tu productividad. Sin embargo, para ello debes aplicar los métodos en tu vida. Al hacerlo, notarás una transformación mental consciente e inconscientemente, y podrás alcanzar tus metas. Sin embargo debes ejercitar los métodos que expongo, de otra manera no habrá posibilidad.

Tras alcanzar tus metas en el tiempo requerido, te darás cuenta de que tu mente se está entrenando para enfocarse en las tareas adecuadas y obviar las que solo te procuran un placer inmediato, pero no conllevan ningún triunfo.

Si quieres olvidar el estrés que siempre te acompaña y disfrutar de las cosas que te gustan sin estar pensando continuamente en todas esas tareas que tienes pendientes, entonces necesitas tomar acción antes de que sea tarde y la presión sea tanta que te abrume. No necesitas desesperarte porque el tiempo se acabó y tu proyecto pendiente está completamente mal, la decisión está al alcance de tu mano, solo debes seguir leyendo.

Si no hay nada que te motive, piensa en cómo te sentirás cuando termines ese proyecto que tanto tiempo te ha llevado hacer, de esa manera podrás encontrar motivación en la recompensa. No te preocupes, en las páginas subsiguientes encontrarás a qué me refiero con motivación y cómo puedes obtenerla.

Piensa en algo especial, algo que te motive a tomar acción y a alcanzar tus metas para poder disfrutar los resultados; piensa que dentro de este libro yace la solución a todos esos grandes problemas, solo tienes que continuar y buscarla entre sus páginas.

¿Estás listo para responder las preguntas que sin duda mejorarán tu vida? ¡Pues adelante!

UNO

ENTENDIENDO LA PROCRASTINACIÓN

Bienvenido, antes que otra cosa pase, asegúrate de poner tu celular en modo silencio y tranquilo, te aseguro que si algo malo urgente ocurre lograrán localizarte, vivimos durante mucho tiempo con teléfonos fijos como para que ahora te vuelvas esclavo del móvil. Asegúrate de estar en un lugar sin distracciones como radio o televisión encendidos, porque si tiendes a la procrastinación entonces será muy fácil que caigas en cualquiera de ellas. Tal vez lees este libro porque estás posponiendo otra acción importante, pero tómalo en serio y no lo agregues a tu cadena de procrastinación. Ponte cómodo y disfruta, aprende y comprende las palabras que estás por leer.

La ciencia detrás de la procrastinación

A todos nos ha tocado dejarnos llevar por la procrastinación. Aún más hoy en día porque tenemos tal cantidad de distracciones disponibles (videojuegos, redes sociales, Netflix, etc.) que es muy fácil ignorar las obligaciones que tenemos a tal punto que nos olvidamos de cumplirlas.

Créeme, no eres el único que ha dejado para el final ese tan importante trabajo y, con la fecha de entrega tan cerca, te das de topes por no haber empezado antes. Un poco de procrastinación en la vida es necesaria, el problema ocurre cuando la volvemos un hábito, pero, ¿qué es exactamente la procrastinación?

Idealmente, para averiguar algo siempre debemos remontarnos en el tiempo, volver al principio. ¿De dónde viene esta palabrita sumamente difícil de pronunciar? ¡Oh, sorpresa! En latín existen las palabras *procrastinatio* y *procrastinationis*, que significan aplazamiento y retraso, respectivamente. Era una palabra culta que se usaba en momentos muy específicos; podríamos compararla, por ejemplo, con las palabras "fojas", que en nuestros días solo utilizan los abogados. Este verbo se forma con el prefijo *pro* (hacia el futuro) y la palabra *crastinus* (el día siguiente), así que quienes piensan que esto es algo actual, no podrían estar más equivocados. (Etimologías, 2020).

En su libro *La solución a la procrastinación* (2019), Timothy A. Pychyl nos da una definición muy actual cuando dice que se trata de "demorar voluntariamente algo que íbamos a hacer, a sabiendas de que la dilación puede perjudicarnos por no llevar a cabo la tarea puntualmente o incluso cómo nos sentimos con respecto a esta o a nosotros mismos" (p. 8).

Por otro lado, el doctor en psicología, Joseph Ferrari, quien desempeña sus actividades en la Universidad de DePaul, en Chicago, quien se considera una eminencia en el asunto porque lo ha investigado desde los años 80, define la procrastinación como "la demora intencional y frecuente para empezar o completar una tarea hasta el punto de sentir disconfort" (Román, 2019). Entre otras cosas, en sus artículos el doctor Ferrari ha descubierto que al menos el

20% de las personas ha hecho de la procrastinación un hábito.

Un hábito es una respuesta a ciertos estímulos que ya hemos interiorizado y realizamos de manera mecánica, por lo tanto, reaccionamos sin pensar o darnos cuenta de nuestras acciones. Entonces, la procrastinación, como cualquier proceso interiorizado, es inconsciente.

Si conjuntamos la información aquí presentada, puedes darte cuenta de que el darte tiempo para hacer las cosas es lo correcto en algunas situaciones, es decir, si tienes un trabajo creativo, no puedes esperar que las cosas surjan en la próxima hora; puedes intentarlo, pero apresurar los procesos creativos o intentar hacerlos bajo presión, es algo que pocas veces da un buen resultado. Aunque también hay otros casos en los que no puedes más que retrasar ciertas cosas.

Por ejemplo, imagina que tienes que realizar un informe y te dan hasta el viernes para entregarlo, así que un martes te sientas frente a la pantalla de tu ordenador para iniciar la redacción; recibes una llamada de tu tía, es muy importante que salga y no puede dejar solos a sus hijos, así que le dices que llegarás enseguida y te resuelves a escribir el informe al regresar; sin embargo, para variar, tus primos te dejan sin fuerzas y regresas a tu casa apenas con fuerzas para llegar a tu cama.

El miércoles vas a la escuela o al trabajo y, aunque tenías la intención de avanzar en el informe, no te ha dado tiempo. Cuando regresas a casa resulta que tienes una fuerte carga de trabajo para el día siguiente, así que dejas para después tu informe y te pones a realizar lo más urgente. Acabas cansadísimo y a lo mejor hasta tengas que terminar algunas cosas en la mañana, así que vas derecho a la cama. El jueves estás muy cansado, apenas si soportas salir a tus compromisos y cuando llegas no piensas en nada más que dormir. Estás mal, intentas escribir algo, pero no te puedes concentrar, así que te quedas dormido temprano sin pensar en nada más.

Claramente, al despertar el viernes, realizarás un trabajo muy mal hecho para lograr entregarlo a tiempo, o incluso a destiempo, o tal vez tendrás que decir que no terminaste ese informe sencillo y soportar la llamada de atención de tu maestro o jefe. Haya sido como haya sido, el enfoque en este ejemplo es mostrarte que hay veces en los que no tienes otra opción que retrasar, pero en esta situación no fue un retraso voluntario, el personaje en nuestra historia tuvo muchos motivos externos que le hicieron posponer la redacción de su informe y llegar a su terrible final.

Otra cosa hubiera sido si ese jueves nuestro personaje hubiera decidido que estaba demasiado cansado como para hacer el trabajo y que mejor sería irse al cine, además de que se repetiría una y otra vez que, si lo hacía a la mañana siguiente, el golpe de adrenalina lo ayudaría a realizar un trabajo excelente. Hay que recordar que la procrastinación es una reacción inconsciente, por lo tanto, el personaje estará convencido de que logrará hacer un trabajo decente si se espera hasta la mañana del viernes.

Un hábito se puede formar de una manera muy sencilla, requiere que repitamos unas cuantas veces la misma acción bajo sucesos parecidos. "Según investigadores de la Universidad de Duke, los hábitos representan aproximadamente el 40% de nuestros comportamientos en un día determinado. Es decir, casi la mitad de lo que hacemos a lo largo del día, lo repetimos de forma automática porque siempre lo hemos hecho así" (UPCCA, 2017).

Imaginemos que nuestro personaje sin nombre un día no quiso hacer su tarea, le dio flojera, pasaban su programa favorito, y decidió no hacerla. Al otro día escribe lo primero que se le ocurre y pasa lo impensable, su maestra lo felicita. A la semana ocurre lo mismo, la tarea es difícil y no sabe cómo atajarla, por lo que se dice que la puede dejar para después, para cuando entienda qué hacer. De más está decir que no lo entiende nunca y escribe, de nuevo, lo primero que puede. Al día siguiente, tras revisar su tarea, la maestra vuelve a felicitarlo por su pensamiento único. El personaje comienza a presumir a sus compañeros que saca buenas notas sin sudar con sus tareas.

Si sigue así, eventualmente, las reacciones se volverán mecánicas, no hará sus trabajos y dejará todo para el final, para cuando la presión de la fecha límite lo obligue a actuar. Las primeras veces pudo funcionar el asunto, pero cuando se enfrente a un problema de mayor complejidad, entonces le será imposible terminar a tiempo y se meterá en problemas.

El ejemplo puede ser sencillo, pero está planeado para mostrarte que, cuando la procrastinación se vuelve un hábito, puede provocar grandes problemas, desde que te riñan hasta que te corran del colegio o del trabajo, en el peor de los casos. ¿Por qué? Pues porque un procrastinador es impulsivo, y eso es lo que determina la manera en que va a reaccionar frente a la ansiedad que le provoquen ciertas cosas. Pero, ¿estamos solo frente a un problema de conducta?

Sí y no. Si bien se trata de un problema de conducta, también debemos entender que nuestro cerebro tiende a hacerse fácilmente adicto. Es decir, si te sientes triste demasiado tiempo, tu cerebro se hace adicto a esos químicos que secretas y buscará que te sientas siempre de la misma manera. Lo mismo ocurre con la procrastinación, el cerebro se vuelve adicto a evitar las tareas y buscar cosas satisfactorias. El problema de esta conducta ocurre cuando tu sistema límbico (la parte de tu cerebro que controla el placer), tiene diferencias con tu corteza prefrontal (la parte que planifica tu vida). Es importante dejar los malos hábitos para evitar las malas adicciones de nuestro cerebro (Ferrari, 2010).

¿Por qué procrastinas?

Otra cosa que hay que reconocer es que las personas que retrasan sus obligaciones no son felices, tienen una mayor cantidad de estrés porque, a la presión de esas responsabilidades, que no desaparecen por no hacerlas, se agrega la culpa. Entonces, ¿por qué procrastinamos si tantas cosas pueden salir mal y lo sabemos?

Cuando te falla la motivación, quizá te ha ocurrido que piensas que no es el momento para que hagas eso que no te motiva en absoluto, así que esperas el momento perfecto, pero el momento perfecto simplemente no existe, así que esperas y esperas hasta el último momento. Dejar las cosas para después puede parecer una opción sencilla y segura, pero no lo es. La acción de demorar algo que nos molesta lo que hace es cargarnos de estrés y, como sabemos, el estrés puede tener consecuencias físicas muy palpables.

Entonces, la pregunta se repite: ¿por qué procrastinamos si nos va tan mal al hacerlo? La respuesta es una mezcla de baja autoestima, impulsividad, falta de organización y malos hábitos. A continuación enumero algunas de las razones más básicas por las que tendemos a la procrastinación:

1. Exceso de **confianza**. No es una razón tan común como pudieras creer, ocurre cuando el cerebro nos asegura que nosotros somos

excelentes en lo que hacemos y que ese trabajo lo podremos hacer excelente en la mitad del tiempo que necesitaría cualquier otro pobre individuo. Las personas que se sobreestiman de esta manera, suelen hacerlo casi en todas las áreas de su vida, lo que suele ocasionarles muchos problemas y, por lo general, esconden una baja autoestima con una máscara de todo-lo-puedo.

2. Falta de **confianza**. Mucho más común que la razón anterior, la falta de confianza tiene mucho que ver con las tareas que se posponen. Si dejas para después las llamadas a la familia, es porque no tienes confianza en que podrás responder a sus expectativas; si procrastinas el ejercicio, es porque no crees que cuenta con lo que se necesita para cambiar tu forma de ser; si lo que retrasas son tus escritos para la oficina, puede ser que te hayas sentido impotente y triste alguna vez que todo salió mal, por lo que ahora no tienes confianza en tus habilidades al escribir reportes.

3. Falta de **sentido**. Muy ligada a la razón anterior, la falta de sentido nos lleva por derroteros diferentes. Quizá eres un buen maquetador de puentes, pero cuando tienes que maquetar la acera de una calle te das cuenta de que no tiene sentido, piensas que cualquiera puede hacerlo e internamente te es tan complejo encontrar cómo abordar eso que no te gusta que simplemente no avanzas. Dada la conexión que hay entre las cosas placenteras y nuestra necesidad de iniciarlas, es bastante

lógico que lo contrario - la necesidad de evitar iniciar aquello que no nos resulta placentero - nos lleve directo a la procrastinación.

4. Falta de **motivación**. Tal vez sabes que para conseguir ese puesto que tanto deseas solamente tienes que presentarte en algunas de las entrevistas que están abiertas este mes, pero como tienes todas tus necesidades satisfechas con lo que tienes ahora, lo vas postergando y postergando, hasta que un día te das cuenta de que ha empezado el mes siguiente y se te olvidó por completo asistir a tu entrevista. Esto ocurre porque, al tener todo resuelto, en realidad no tenías motivación para conseguir otro empleo, así que procrastinaste el hacerlo. La motivación es un factor de suma importancia para que realicemos todo lo que debemos; no tener motivación es muy parecido a no encontrarle sentido a eso que hacemos.

5. Eres **impulsivo**. Aunque todos los procrastinadores requieren de un poco de impulsividad, el procrastinador impulsivo no pondrá grandes excusas a sus "lo hago mañana", él simplemente irá a lo que le proporcione un placer inmediato, sin importar si lo que está dejando para después le proporcione un mayor placer y a largo plazo.

6. No **dimensionas** las recompensas a largo plazo. Quizá te ha pasado que cuando lees sobre los billones de Jeff Bezos, no alcanzas a visualizar realmente a qué se refieren porque nunca en tu vida has tenido al alcance tanto dinero. Lo mismo ocurre con los plazos largos,

probablemente tienes clarísimo lo que quieres comprarte hoy con tu ahorro, pero no estás seguro de qué quieres comprarte dentro de un año, cuando la cantidad haya subido considerablemente, o eso esperas; por eso los trabajos a largo plazo sueles obviarlos, porque no ves de manera fehaciente y al momento la recompensa.

7. Falta de **planeación**. A veces el procrastinador desorganizado sencillamente cree que el tiempo hasta la fecha de entrega es infinito, por lo que se olvidará del asunto hasta que el momento sea inminente. Muchos de los procrastinadores no tienen la intención de dejar las cosas para el final, pero no planean o subestiman el tiempo que necesitan, por lo que los resultados terminan siendo mediocres de todas formas.

Cabe mencionar que, según el doctor Piers Steel en su famoso libro, *Procrastinación: por qué dejamos para mañana lo que podemos hacer hoy* (2011), la poca meticulosidad, bajo autocontrol y gran propensión a la distracción— forman el núcleo de la procrastinación [...] la impulsividad era la que estaba ligada con más fuerza a la procrastinación. No resultará sorprendente si tenemos en cuenta algunos aspectos específicos de la impulsividad: ansia intensa, poca prudencia y previsión, e incapacidad de llevar una tarea hasta el final (pp. 29 y 30).

Tomando esto en consideración y añadiendo las siete razones básicas que analizamos, no es difícil dilucidar el comportamiento procrastinador, veamos de qué se trata.

• • •

El ciclo de la procrastinación

Entramos en este ciclo de la mano de la psicóloga Nancy Patricia Cano, quien desde su perfil de Instagram @eduacción, nos lleva de la mano por las diferentes etapas del procrastinador típico.

1. Etapa de la falsa seguridad

El primer paso en este ciclo que a algunos les parece interminable, es el de la falsa seguridad; se llama así porque en él actúa principalmente el exceso de confianza. Sabemos que aún falta mucho tiempo para entregar nuestro trabajo o que no hay presiones para hacerlo de inmediato, por lo que nos podemos entregar a otras actividades más inmediatas, como terminar esa serie que nos tiene cautivados. Además, esta misma confianza que tenemos por la distancia real de la entrega nos hace creer que podemos hacer ese proyecto de manera sencilla, pues es muy fácil, así que requerirá muy poco tiempo, por lo que no debemos preocuparnos al respecto.

1. Pereza

En esta etapa nos ponemos a pensar que quizá deberíamos empezar ya el trabajo, ese proyecto no se va a hacer solo después de todo. Este momento es sumamente importante porque es donde entra la inconsciencia de nuestra reacción, porque en el momento en que nos sentamos con la intención de trabajar, se nos ocurre que deberíamos comer algo antes de iniciar, además de que deberíamos revisar nuestro correo electrónico, comprobar redes y muchas otras cosas que se acaban llevando todo nuestro tiempo e incluso nos hacen olvidarnos de nuestra intención inicial.

1. Excusas

De pronto te das cuenta de que es mucho más urgente limpiar tu baño, porque huele terrible, ya después podrás iniciar el trabajo. Además, te dices que es importante descansar antes de empezar con tus pendientes, ya que de esta manera lo harás con la mente fresca y será más fácil enfocarte. Cuando al fin te vuelves a sentar a trabajar, te das cuenta de que te falta cierta información y deberías esperar hasta obtenerla para poder avanzar correctamente, así que lo dejas para después. Estas son solo excusas con las que el procrastinador se miente a sí mismo, y aunque no funcione, el ciclo ha avanzado y está atrapado en él.

1. Negación

En este momento te falta poco para la fecha de entrega, pero tu mente insiste en no comprometerse con tu responsabilidad y te genera aún más excusas, esta vez negando que ya estás sobre el tiempo necesario. Te dices que aún tienes tiempo suficiente y que puedes trabajar en las noches porque no necesitas dormir mucho. Este momento es crítico porque, aunque se está generando una presión y un estrés tremendos, el procrastinador insiste en no realizar su trabajo.

1. Crisis

El momento de la verdad, ya no puedes negarlo y te haces muy consciente de que no has realizado avances significativos en el proyecto. Te pones a hacer lo que puedes con el tiempo que tienes y, mientras avanzas a marchas forzadas, mal dormido y mal comido, te empiezas a hacer promesas serias que planeas cumplir si consigues salir de ésta, como que no volverás a dejar un trabajo para el último momento y que no volverás a salir al cine cuando tienes tareas pendientes y otras cosas por el estilo. Al final puede que inventes una excusa para ganar más tiempo o que entregues algo mediocre, lo que te hará torturarte por días acerca de cómo podría haber salido si hubieras invertido en ello el tiempo necesario.

1. Repetición

Pero cuando vuelven a dejarte un proyecto para el siguiente mes, las cosas vuelven a iniciar, porque no es algo que planees, sino que se ha vuelto un hábito y estás atrapado en el ciclo. Aunque tranquilo, siempre hay formas de escapar.

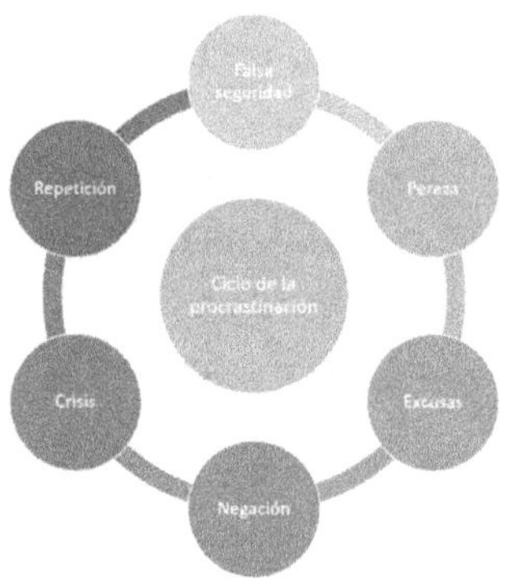

Estos ciclos están tan presentes en nuestra vida, sobre todo por la cantidad de distractores a nuestro alrededor, que en cierto momento apareció el famoso meme del ciclo de la procrastinación en Internet y que aparece cada tanto tiempo en diferentes páginas de la red. Acompáñame a ver esta triste historia:

Consecuencias de procrastinar

Aunque durante todo este tiempo hemos estado repasando las consecuencias del ciclo procrastinador, es valioso que ahora las tengamos en cuenta. En su artículo, Pérez (2016) nos habla de un estudio al respecto, publicado en la revista *Psychological Science* en 1997, en donde los investigadores estudiaban una serie de características de los estudiantes de la Universidad Case Western Reserve en Ohio, donde encontraron que...

En un principio parecía haber un beneficio en la dilación, ya que los estudiantes con más puntos procrastinadores tenían niveles más bajos de estrés en comparación con los otros, seguramente como resultado de poner por delante actividades más placenteras. Al final, sin embargo, los costos de la dilación superaron con creces los beneficios temporales. Los postergadores obtuvieron calificaciones más bajas que otros estudiantes y más altos niveles de estrés (nada raro) pero, además, enfermedades nuevas que antes no tenían. Como: depresión y ansiedad. Además, se relaciona con la aparición de creencias irracionales y el descenso de la autoestima (Pérez, 2016).

Lo primero de lo que no están conscientes ni dichos estudiantes ni los universitarios en general, es que procrastinar trae serias consecuencias. Normalmente se dejan de lado los pendientes por alguna actividad placentera, pero en realidad no se disfruta al cien por ciento porque, en alguna pequeña medida, su corteza prefrontal les está diciendo que tienen algo más importante qué hacer. En la medida que el plazo avance, se sentirán mal consigo mismos y los invadirá la culpa y la ansiedad. No es bonito procrastinar, es un problema serio, pero podemos derrotarlo. Si continúas leyendo conmigo, seguramente encontrarás las respuestas que buscas.

DOS

EL COSTO DE LA PROCRASTINACIÓN

Es sencillo entender cómo es que la procrastinación puede arruinar nuestras oportunidades de superación y nos lleva a meternos el pie una y otra vez prácticamente sin darnos cuenta, pero por más que nuestro cerebro racional nos lo diga, el procrastinador no lo tiene en su mente mientras está procrastinando. Se trata de una evasión que, aunque sí nos lleva a momentos de alivio inmediato, no nos permite evadirnos completamente, ya que seguimos teniendo destellos de lo que deberíamos estar haciendo mientras vemos la televisión o arreglamos el tocador. Para hacer aún más evidentes los problemas que te puede ocasionar la procrastinación, ahora veremos dos grandes áreas en las que la problemática no podría ser mayor.

Problemas en el trabajo

Sí, lo sé, todos nos desvivimos por nuestro trabajo, en ocasiones descuidamos el alimento y el sueño para conseguir prestigio y un producto de calidad porque amamos nuestro trabajo, y a veces nos desvivimos para hacerlo bien y que nos paguen porque, aunque no nos guste realmente nuestro trabajo, tenemos que buscar la lana, perseguir la chuleta, tener para el perro, juntar para la tumba, buscar la papa, hacer la talacha, meterle al jale y picar piedra. Es decir, hay que trabajar duro para sobrevivir en este mundo.

No es de extrañar que la procrastinación aparezca de manera más sencilla en aquellos trabajadores que no están muy a gusto; además, hay quienes tienen tan mecanizado su trabajo que ya no les cuesta ningún esfuerzo realizarlo, por eso, cuando se les pide algo más, no entienden bien cómo comenzar a llevar a cabo esa tarea y se dejan llevar por la procrastinación.

Sea cual sea la razón, la procrastinación es una terrible idea en el trabajo y no solo te traerá malas consecuencias a ti, sino a todos los que te acompañan en ese departamento o área laboral, y aún será peor para quienes dependen de que la tarea que realices sea buena para proseguir desde ahí.

En la actualidad, son diversas las formas de observar y cuantificar la falta de ganas de muchos de los integrantes de la clase trabajadora, quienes sobreestiman su rapidez y su tiempo y acaban realizando todo a marchas forzadas y no dando el cien por ciento, afectando significativamente el producto o el resultado general de su esfuerzo. Como nos dimos cuenta, este comportamiento nos encierra en un círculo vicioso que puede impactar de manera negativa en toda la organización en la que se labore.

Hernández y García (2018) nos enumeran cuatro grandes problemas que surgen a partir de la procrastinación en el trabajo:

1. Bajo **rendimiento**. Son muchas y muy
   diversas las razones para rendir por debajo de la

media, entre ellas encontramos la falta de fluidez económica, los problemas organizacionales y que la procrastinación suele "contagiarse" en cierta medida. Aunque la mayoría de las personas considera que la procrastinación es negativa, más del 60% de los trabajadores suelen serlo toda su vida laboral, lo que se asocia, ampliamente, con este primer gran problema.

2. Mala administración del **tiempo**: La procrastinación y la perspectiva temporal completan las explicaciones sobre el rendimiento en el trabajo, pues hay una inseparable relación entre procrastinar y planificar. Ya se comentó en el **capítulo previo**, pero el procrastinador sobreestima sus capacidades y, por tanto, planifica erradamente sus actividades, de tal forma que el tiempo nunca está de su lado.

3. Problemas con la **planificación**. Aunado a lo anterior, la falta de planificación se vuelve el talón de Aquiles de muchos en el ámbito laboral, ya que, no tener perfectamente establecido lo que debemos hacer y el tiempo que gastaremos en ello, puede hacer que aceptemos más tarea de la que somos capaces de manejar para el tiempo requerido, lo que nos dará tantos dolores de cabeza que, cuando todo estalle, no nos dolerá tanto, de primera instancia, dejar algunas cosas para después. Por lo general, los procrastinadores suelen ser personas desordenadas, así que el problema

surge desde una raíz que va más allá de las puertas de tu zona laboral.

4. Baja **productividad**. Es lógico que si tenemos todos los problemas anteriores, la baja en la productividad sea una respuesta a un lugar contaminado de procrastinación. La productividad tiene que ver con motivación, eficiencia y resultados, cosa que no puede darse en un ambiente como este, ya que la falta de motivación es el primer factor que lleva a una persona a procrastinar una tarea. Fuera de los problemas físicos que pueden recaer en el procrastinador cuando la presión estalla, y que hemos revisado a grandes rasgos en el episodio anterior, el hecho de que la línea de producción tenga a alguien que se retrasa, hace que todos los demás se retrasen también, ocasionando una baja clara en la productividad, ya no del trabajador, de la empresa.

Como podemos observar, estos cuatro bloques engloban los problemas que podríamos tener dentro de nuestro espacio laboral. Hay otras cosas que se generan de cada uno de esos problemas, por ejemplo, quienes son tan desordenados que tienen hecho un desastre su espacio de trabajo, lo que hace que todo su trabajo se retrase. Veamos un ejemplo.

Julio entra a trabajar a una oficina, está muy feliz y el primer día se dedicó a saludar a todos sus compañeros. Recibe los papeles sobre los que debe trabajar y los empieza a poner en su escritorio sin ningún orden. Cuando al fin regresa a su espacio de trabajo para abrir su computadora y comenzar a revisar oficios, se da cuenta de que tiene unos veinte papeles y no sabe cuál va primero y cuál después.

Ahogado en el trabajo y viendo el reloj, empieza a hacer sus revisiones.

Eventualmente, uno de sus jefes llega a pedirle el oficio que le solicitó desde hace cinco horas. Resulta que Julio no lo había visto porque quedó hasta abajo, así que no lo tiene listo, el jefe le dice que lo necesita de inmediato, Julio trabaja lo más rápido que puede y le envía el oficio después de una revisión rápida y mal hecha. Su jefe lo recibe y lo envía, sin embargo, al día siguiente le regresan el papel porque no cumple con el formato.

Julio no se molesta con su primera llamada de atención, sabe que ha sido su culpa, así que empuja todo a los lados de su escritorio y sigue con su trabajo. Si le llega más trabajo vuelve a empujarlo. Tres horas más tarde lo llaman del departamento de contabilidad, pues le han enviado uno de sus registros contables por error y lo necesitan de inmediato para poder cerrar cuentas. Con su lugar de trabajo en completo desorden, a Julio le toma unas dos horas encontrar el papel y llevarlo a contabilidad. El resultado es desastroso, pero no para Julio, él termina su turno y va a casa. No, el resultado recae en los miembros del departamento de contabilidad, que tienen que quedarse casi hasta la medianoche para terminar el trabajo.

Poco a poco, los jefes de Julio se darán cuenta de su forma desordenada de trabajar y de los retrasos que son cada vez más comunes, por lo que se plantean cambiarlo de oficina, penalizarlo de alguna manera, o simplemente correrlo. El trabajo de Julio pende de un hilo y todo ocurre porque, en vez de realizar sus ocupaciones, las dejó para después y prefirió platicar con sus compañeros, y en vez de mantener arreglada su zona de trabajo, prefirió dejarlo para después y ocuparse de cosas que pensó que eran más importantes y, en vez de buscar cómo dejar la procrastinación, prefirió seguir su camino y dejar que su trabajo peligre.

No es que Julio no sepa sus errores, pues cada vez que le llaman la atención se auto recrimina por ser así y se promete que ya no lo hará más. Pero Julio vuelve a caer en la trampa de sobreestimarse a sí y al trabajo que ha de hacer y vuelve a entrar al ciclo. ¿Qué pasará con Julio?

Problemas en la vida

Desde luego, los problemas laborales no son menos importantes que todo lo demás, puesto que conllevan una gran parte del estrés y la ansiedad que padecemos, sin embargo, los problemas que se provocan por ser procrastinadores no se detienen ahí, sino que saltan a cada área de tu vida. Tenemos, por ejemplo, problemas de salud, problemas de dinero, problemas con las relaciones interpersonales, problemas de autoestima y un sinfín de etcéteras. Veamos algo al respecto.

Imagina a nuestro amigo Julio en su casa. Pidió un préstamo al banco y acaba de llegarle por correo su primer aviso de pago. Julio ve que tiene unos tres sobres metidos en la canastilla y se dice que luego los recogerá, por el momento tiene que comer algo, porque acaba de llegar a su casa y tiene hambrita. Pero se le olvida mucho tiempo.

Un día llega y observa unos 15 sobres puestos a presión en la canastilla del correo. Agarra el bonche, lo lleva a la mesa y se dice que los revisará sin falta, pero primero va a hacerse un cafecito para poder hacerlo más cómodo. Mientras está poniendo a funcionar la cafetera, se acuerda de que se quedó muy buena la película que está viendo, así que cuando tiene su taza humeante en la mano, prefiere dejar para después la revisión de las cartas. Las pone en un cajón de su encimera y se dirige a la sala para terminar su película, ya que está seguro de que, sin tener la película en la mente, podrá concentrarse en sus tareas de casa.

Claro que cuando termina la película, Julio se da cuenta de que también está la segunda parte y, al terminar, entra a la red desde su celular para ver las teorías que los fans han hecho sobre el final de esa saga cinematográfica. Poco después, como ya es de noche, se duerme. Al otro día se levanta tarde y sale corriendo para el trabajo, y el recuerdo de las cartas, simplemente se esfuma.

Pero Julio no está bien con respecto a eso, tiene en la mente que se le está olvidando hacer algo, pero no sabe qué, así que todo el tiempo lo está molestando y se siente cada vez más estresado. Finalmente, un buen día abre la puerta de su casa y se da cuenta de que otra vez está llena su canastilla del correo, revisa las cartas y se da cuenta de que tiene multa sobre multa porque no ha realizado los pagos del préstamo. No sabe por qué, va al banco y alega que la solicitud del pago nunca llegó, pero al final tendrá que pagar el préstamo y todas las multas.

Probablemente, mucho tiempo después, encuentre las cartas en el cajón de la encimera y se dé cuenta de que ahí estaba la solicitud de pago y la primera multa, pero eso pasará en el futuro y no cambiará la situación de Julio, tiene que pedir otro préstamo para pagar el anterior y así se va llenando de deudas. He aquí una de las maneras en que se puede afectar la economía del procrastinador, y puede parecer un ejemplo muy burdo, pero ocurre más veces de las que pensaríamos.

Los problemas con las relaciones interpersonales pueden crearse exactamente de la misma manera, es decir, vamos posponiendo el ver a las personas y el alejamiento provoca muchos malentendidos. También se crean al posponer cosas que se supone que debes hacer para alguien más. Por ejemplo, si un amigo te pidió el favor de encontrar la banda para su boda y tu aceptaste, te va a dejar muy mal no tener los prospectos de banda para el día elegido. Son muchas las formas en las que puedes meterte en problemas con los demás por dejar para después ciertas cosas. Incluso, la procrastinación puede provocar rompimientos de pareja, y la infelicidad que te invade tras cortar con tu novio o novia, será la excusa que use tu cerebro para seguir procrastinando.

Más aún, si vas dejando cosas para después, probablemente no te acepten en ese proyecto para el cual debías hacer una maqueta, ya que, aunque la hiciste al final, hubo alguien que la realizó y entregó desde antes y, tras la retroalimentación que le ofrecieron, su maqueta ganó el espacio. Las oportunidades se pierden para quien no pone todo de su parte en el momento oportuno, y aunque la persona sea la mejor, el entregar tarde y algo sin mucha calidad, nunca será una buena presentación ni una buena forma de venderte.

Finalmente, a medida que se acaba el tiempo y aún no se tiene un buen avance, aparecerá el estrés, tan conocido por el procrastinador recurrente, que durará hasta que se haya terminado, entregado y recibido retroalimentación sobre el proyecto al que nos estemos refiriendo. Poco después, la frustración se instalará en el procrastinador junto con el derrotismo y el fracaso, ya que siempre tendrá la certeza de que pudo hacerlo mejor, siempre y cuando le hubiera dedicado el tiempo necesario a su ocupación. Su autoestima y su confianza disminuye y entonces se hundirá en un montón de pequeños placeres, pasajeros, pero inmediatos, que, para continuar con el ciclo, se realizarán procrastinando algo más, por lo que los sentimientos negativos solo se acrecientan.

Desde luego todo esto conlleva problemas físicos que son sencillos de ver, basta consultar la enciclopedia médica para encontrar que, además de retrasar las cosas por deleites inmediatos, quizá también deban hacerlo por cuestiones de salud, ya sea porque están demasiado cansados, se les sube la presión, pueden caer en depresión o surgen problemas en la piel (como el acné severo). Las mujeres incluso pueden tener problemas con su flujo menstrual o la falta del mismo, además de padecer de cólicos más fuertes.

Con el cansancio extremo y el estrés constante vienen las fallas en la memoria, la impotencia sexual, los extremos en cuanto al sueño, ya sea en exceso o total insomnio. La diarrea, el estreñimiento y la colitis son parte integral del asunto, además de los típicos dolores de cabeza y dolores corporales (MedLine, 2020).

Somos perfectamente capaces de identificar los síntomas de nuestra procrastinación, pero ¿eres capaz de encontrar la razón por la que dejas todo para después?

TRES

IDENTIFICA A TU SABOTEADOR: CONOCE AL ENEMIGO RESPONSABLE DE TODO LO QUE ESTÁ MAL EN TU VIDA

Tú eres el único capaz de manejar tu vida, excepto cuando le sueltas el volante a los sentimientos erróneos y te dejas llevar por donde no quieres. Lo primero que hay que ser capaces de hacer es darnos cuenta de que somos responsables de nosotros mismos, de esta manera podremos retomar el control de nuestra vida. Mientras tanto, ¿quién es el que está haciendo desmanes, a veces sin que nosotros mismos nos demos cuenta?

Existen momentos extraños en que nos dan ganas de romper todo, de dejar las cosas sin terminar, de olvidar ciclos en vez de cerrarlos, de dejarnos caer y que el mundo se caiga con nosotros. No está mal rendirse con algo cuando eso significa avanzar a lo siguiente, pero si lo que va a provocar es que nos atoremos en la sensación de tormento, posiblemente debamos evitarlo con todas nuestras fuerzas.

¿Qué es eso que nos detiene de hacer las cosas correctamente? ¿Por qué a veces tienes sentimientos que odias y piensas cosas de las que te daría vergüenza hablar? Bueno, todos tenemos un lado oscuro que, tarde o temprano, debemos enfrentar. Se trata de un instinto de autodestrucción que existe dentro de nosotros mismos.

Hay que recordar que todo en este mundo es dual, ya sea que creas en alguna religión o no (luz y oscuridad, positivo y negativo, materia y antimateria, yin y yang). Por tanto, el hecho de que tengas una contraparte que te dé balance no debería sorprenderte. Sí, se trata del otro lado de ti mismo, y así como tienes tus buenos sentimientos de luz, ese lado oscuro es parte de ti mismo, de tu forma de ser. Es parte del cimiento de tu identidad como ser humano en la sociedad.

¿Por qué enfrentar tu lado oscuro es tan importante?

Lo primero que hay que hacer es reconocer, conscientemente, de que tenemos una parte negativa, un instinto de autodestrucción que, de ganar, nos va a estar poniendo trabas a todo lo que queramos hacer en la vida. Hay que hacer un trabajo de introspección en el que nos sentemos, cerremos los ojos, respiremos de forma pausada y profunda y, con tranquilidad, nos observemos a nosotros mismos, todo eso para analizar cómo se manifiesta la oscuridad dentro de nosotros y así, ser capaces de contenerla y cambiarla.

Ojo que no se habla aquí de desaparecer nuestro lado oscuro, porque, como se mencionó con anterioridad, es parte primordial de lo que nos hace ser quienes somos. Recuerda que ese lado oscuro no es racional, no sabe de compromisos ni de hacer lo que se supone que debes hacer. Es una parte que permanece creciendo en silencio, buscando la manera de salir y explotar en el mundo. En tu mundo.

Es claro que una de las formas por las que el lado oscuro se puede apoderar de nuestras acciones y tomar las riendas de nuestra vida es el desconocimiento de la existencia del mismo. Esto es lo que genera ciclos de pobreza y patrones de infelicidad, por lo que el darte cuenta de que lo tienes es ya un gran paso avanzado en este camino. No lo niegues, todos convivimos con nuestros demonios, mantenerse en negación no va a ayudarte a evitarlo.

En la aclamada historia de Stephen Chbosky, *Las ventajas de ser invisible* (1999), Charlie, el protagonista, está en un eterno duelo con su lado negativo sin siquiera darse cuenta, lo que escala hasta llevarlo al intento de suicidio, encaminado por varios traumas sin resolver y el gran temor que tiene ante la soledad. ¡Qué diferente hubiera sido todo si Charlie hubiese estado al tanto de su instinto de autodestrucción!

Historias como la de Charlie son realmente comunes, sobre todo entre jóvenes y adolescentes, puesto que sus mentes aún luchan por adaptarse al "mundo de los adultos", por decirle de alguna manera.

¿Qué tienen que ver todas estas ideas nefastas con la procrastinación? La respuesta es sencilla. La procrastinación nos lleva entre las patas porque es parte de ese lado negativo que se maneja con emociones negativas. Es por ello que, aunque sepamos que estamos haciendo mal, de todas maneras dejamos las cosas para después. Es un proceso de franco masoquismo, porque sabemos los problemas que conllevará, pero de todas maneras decidimos relegar las tareas, incluso las importantes.

He aquí el valor de comprender, enfrentar y cambiar las cosas que emanan de este lado negativo de nosotros mismos. Ahora veamos cómo hacerlo.

Descubre tu lado destructivo y tu lado constructivo

Bueno, como se ha repetido varias veces, somos una dualidad, es decir, dentro de nosotros existe no solo este lado de autosabotaje, sino un lado que nos hace ser creativos y propositivos. No por nada el famoso Jonathan Larson introdujo en su obra *Rent* la siguiente frase: Lo opuesto a la guerra no es la paz, es la creación.

Cuando nos acercamos a la ciencia, es Sigmund Freud el que nos ofrece dos tipos de pulsiones (impulsos mentales) que manejan nuestra vida. En el *Diccionario de psicoanálisis* de Laplanche (1996), observamos que el primero se trata de las **pulsiones de vida**, también conocidas como Eros, las cuales no solo abarcan el tema sexual con el que siempre se les relaciona, sino que son, en general, todos aquellos impulsos que nos llevan a la autoconservación, incluyendo el más importante y que, sin embargo, muchas veces es manipulado por el lado oscuro; me refiero a nuestro instinto de supervivencia.

Como contraparte tenemos las **pulsiones de muerte** o Tánatos, las cuales buscan minimizar nuestro movimiento o contacto con la vida. En específico, estas pulsiones trabajan hacia nuestro interior y buscan la auto-destrucción mediante el dominio de nuestros sentimientos. Cuando eventualmente se vuelcan hacia el exterior, se manifiestan como agresión.

Estos son el yin y el yang que viven en nuestro interior. No es malo *per se* que tengas momentos en tu lado oscuro, diría que es incluso necesario porque, junto con tu lado luminoso, forman parte de un todo que tiene tu nombre, pero hay que saber cómo mantenerlo a raya.

La única manera de descubrir tus ventajas y tus debilidades es hacer una introspección. Con esto me refiero a que tienes que sentarte a observarte, a observar en silencio tus pensamientos y tus acciones de los últimos días. Con una observación a fondo, te darás cuenta de en qué momentos actúa tu lado positivo y en qué momentos lo hace tu lado oscuro. También te darás cuenta de que nuestro lado negativo está más activo de lo que creíamos.

Si llevas esta observación más allá de algunos días y la realizas analizando suceso por suceso en tu pasado, podrás empezar a observar patrones en los que tus momentos positivos recaen en negativos y viceversa.

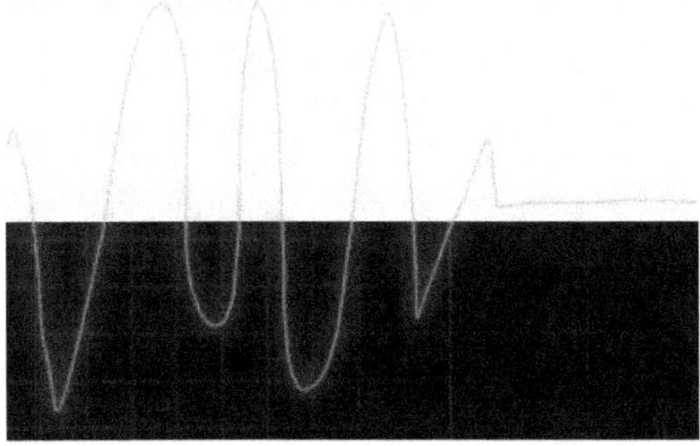

Estos oleajes ocurren porque no nos hemos entrenado para controlarlos y es la manera "natural" en la que ocurren. Sobre todo ten en cuenta eso: es natural, pero también es posible que puedas retomar el control, no lo olvides.

La infame etapa de la negación

¿Recuerdas a Julio? Bueno, al final sí lo despidieron del trabajo. Él estuvo triste un tiempo, se echó la culpa por dejar las cosas para el último momento, pero luego consiguió un nuevo trabajo y pensó que su problema no debía ser el dejar las cosas para después, porque al final siempre las entregaba. No, probablemente el problema era que nunca se adaptó a su antiguo empleo, pero ahora tenía una nueva oportunidad y estaba dispuesto a hacer lo mejor para adaptarse, lo que incluía dejar para después el trabajo y conocer y apoyar a todos sus compañeros y jefes, de esa manera se adaptaría sin mayor complicación.

¿Puedes ver el problema de Julio? Al exagerar un poco este ejemplo para caricaturizarlo, todos nos damos cuenta de que nuestro personaje no solo está obviando su problema de fondo, sencillamente no lo toma en cuenta, lo niega y, al hacerlo, está repitiendo patrones de nuevo y se interna cada vez más en el ciclo procrastinativo.

Ahora, la negación tiene una fama muy negativa, sin embargo, tiene su razón de ser en el mundo. Puede que Julio niegue su problema y eso le sirva para afianzar relaciones al principio de su jornada laboral, pero si se mantiene en negación por mucho tiempo, simplemente va a repetir los patrones a los que se ha visto circunscrita su vida. La negación es una forma en que nos defendemos de la novedad mientras nuestra psique se adapta a ella, pero si la mantenemos por mucho tiempo, podemos alterarnos en demasía.

Pongamos un ejemplo que no tenga que ver con nuestro tema: la muerte de un ser querido. Adela perdió recientemente a su hijo, hay un dolor profundo que debería atravesarla y, sin embargo, en la superficie, su mente desecha la idea de la muerte y ella cree que su pequeño está durmiendo. Esto sirve para que, mientras ella guarda una tranquilidad pasmosa para quienes conviven a su lado, su cerebro profundo esté modificando las conexiones para ayudarla a adaptarse al cambio. Cuando a Adela la llevan frente al cuerpo, sus conexiones están listas y ella llora amargamente por este ejemplo que ha protagonizado.

¿Qué hubiera pasado si Adela se mantiene en negación durante más tiempo? Bueno, ahora sabemos que nuestro cerebro se habitúa a ciertas cosas, así que, de persistir, probablemente Adela necesite ayuda psicológica (es un triste ejemplo, pero probablemente necesite ayuda psicológica de todas formas).

Sigamos adelante antes de entristecernos, porque con este ejemplo solo quiero que entiendas que, aunque la negación tiene su por qué, abusar de ella nunca es algo bueno. Sin embargo, no nos detenemos a pensar eso cuando negamos nuestra acción procrastinadora, porque la mente se ha habituado y es difícil (pero nunca imposible) sacarla de ahí. Ya conocemos el costo de seguir en negación, pero estamos tan dentro del ciclo que no podemos ver una salida.

Ahora sabes la razón por la que la negación es tan infamemente célebre.

Enfrentar la verdad

Yo sé la verdad, tú la sabes, todos la sabemos. La verdad no está sujeta a interpretaciones porque es lo que es. El problema de negar la verdad es que de todas maneras las consecuencias de tus actos van a llegar hasta a ti.

Además de las maneras que se han mencionado para descubrir el oleaje entre tu lado positivo y el negativo, también es necesario analizarnos cuando queremos saber si estamos evitando enfrentarnos a la verdad y viviendo en negación. He aquí algunas de las estrategias que puedes intentar si sientes que no estás avanzando y crees que puedes estar en negación:

- Cavila sobre tus temores y analiza cómo se han presentado últimamente.
- Si estás retrasando el hacer algo, analiza los efectos, positivos y negativos, de hacerlo.
- No te retraigas, confía en la gente a tu alrededor y deja salir tus emociones, guardarte lo que sientes puede llevarte al lado oscuro (sin referencias hacia una galaxia muy lejana).
- Si en efecto estás en negación, probablemente te cueste mucho, pero tú intenta identificar esas creencias que no tienen sentido, pero que están presentes en la situación. Por ejemplo, si crees

que podrás realizar un trabajo final de matemáticas en dos horas, cuando los compañeros del colegio lo han estado trabajando por días, tu creencia no tiene sentido.

- Prueba llevar un diario. Si llevas un diario de vida y lo revisas de vez en cuando, te darás cuenta de los patrones en los que te mueves y hacia dónde te llevan.
- Habla de ello con alguien de confianza, puede que una perspectiva fresca y externa te ayude a poner tu mente en orden.

Puede que ninguna de las estrategias te ayude, por lo que no debes dejar de lado la idea de hablar con un profesional (ya sea un psiquiatra o un psicólogo) para que te ayude a encontrar formas saludables de enfrentar las cosas, en vez de siempre dejar las cosas para después. No te preocupes por visitar un consultorio, hay que destruir todos los mitos errados respecto a la salud mental; recuerda que lo primero eres tú (y no tomes esta oración como excusa para procrastinar). El enfrentar la verdad siempre es duro, después de todo, tu mente la ha estado suavizando todo el tiempo, pero es necesario para poder proseguir y tener una mucho mejor calidad de vida.

Ten en cuenta que todas las acciones que tomes en tu vida diaria, ya sea que lo hagas de manera consciente o inconsciente, y que te vuelven infeliz, son cuestión de un cambio que está al alcance de tu mano. Pregúntate también qué clase de ser viviente se queda sin hacer nada. La respuesta es categórica: ninguno. Los seres vivos siempre están en movimiento, haciendo y deshaciendo, expuestos al cambio. Y, aunque es claro que podemos estancarnos, y que ocurre más veces de las que nos gustaría, siempre hay que buscar el seguir hacia adelante.

La vida y el universo

Hay muchas razones por las que la vida de Julio es un desastre, sin embargo, cuando la tía pasó a visitarlo a su casa enseguida se dio cuenta de que algo pasaba con su sobrino. Las pistas eran pequeñas cosas, por ejemplo, lo caótico que estaba todo en su hogar. La ropa mal puesta en la sala y un altero de platos sucios en la cocina. No es que Julio siempre haya sido un fanático de la limpieza, pero tampoco se había dejado caer así. Aunado a lo que vio en su casa, Julio le platicó sobre su reciente despido, lo que encendió alarmas en la tía, por lo cual se propuso ayudarlo.

Lo primero que hizo la tía fue una intervención en el hogar del muchacho, alegando que, si así estaba su casa, así estaría su interior. Este pensamiento, típico de una señora de cierta edad, no puede ser más cierto. Nuestro alrededor refleja el estado de nuestra mente y, la mente de Julio, realmente es un despropósito. Había que ponerlo en orden, por la misma razón de esa máxima del Kybalión que nos dice: "como es arriba es abajo", es decir, todo se refleja, lo macro en lo micro y tu mente en tu forma de realizar todo, desde la limpieza de tu casa hasta tu forma de trabajar o hacer negocios.

Es importante poner en perspectiva que todo efecto tiene una causa y viceversa, por lo que llegar al centro del problema de Julio sería difícil y probablemente requeriría de ayuda médica, sin embargo, la tía no estaba dispuesta a dejar tirado al muchacho, así que le compró un libro para evitar la procrastinación, porque ese sería un verdadero primer paso para salir de su triste realidad y comprender que su mala suerte es simplemente el reflejo de su desorden interno, porque así como los movimientos del universo se reflejan en nuestra vida, así la mente de Julio lo ayudaría a salir de este apuro.

CUATRO

¿POR QUÉ NO QUIERES HACER EL TRABAJO?

Hemos descubierto mucho sobre la procrastinación y su interrelación con nosotros, pero es momento de saber a ciencia cierta por qué no hacemos el trabajo, por qué dejamos para después cosas que sabemos que nos pueden costar muy caro.

En este capítulo observaremos algunas razones por las que te cuesta enfocarte y también ofreceremos algunas recomendaciones que te servirán para paliar la situación, pero recuerda que la única forma de enfrentarte a ella y derrotarla es un análisis a conciencia para el que, si necesitas ayuda, siempre puedes acudir a un profesional.

Sin duda lo primero es recordar qué hay que amar lo que hacemos para tener fuertes ganas de hacerlo. Sin embargo, es muy posible que no sepas realmente qué es eso que amas hacer, por lo que quizá estés dando vueltas en lugares o situaciones en donde no quieres estar realmente, pero que, al terminar, te dejarán algún resultado deseado, ya sea una buena calificación, fama o, mucho más común, dinero.

Si te encuentras en esa situación, el paso que debes tomar

es el que te ayude a conocerte. Conocerse a uno mismo es imperativo para poder encontrar ese trabajo que haremos con pasión y soltura y que nos llevará a tener una mejor calidad de vida. Para lograrlo y eludir la temible y muy común procrastinación, deberás aprender a trabajar consistentemente, para lo cual te propondremos algunas acciones que debes hacer diligentemente en busca de que se hagan hábitos.

Finalmente, analizaremos la idea de que lo que te apasiona lo hagas sin fines de lucro, por lo que te propondremos monetizar tu actividad amada y granjearte algunas monedas extras o, en dado caso, convertir tu *hobby* en una empresa rentable.

Sea como fuere, esperamos que en este capítulo encuentres algunas de las respuestas que, ya que tienes este libro en tus manos, sabemos que estás buscando.

Ama lo que haces

Pensemos ahora en todas esas mujeres que se levantan todos los días, preparan el desayuno, alistan a sus hijos para ir la escuela y luego se marchan a sus ocho horas diarias en el trabajo. Ahí se sienten bajas de ánimo y pasan el resto del día quejándose del trabajo que tienen que hacer. Termina su horario y regresan cansadas y tristes a su casa, en donde tienden a desvelarse porque saben que dormir solo las llevará a despertar y realizar las mismas cosas que el día anterior, y el anterior, y el anterior a ese.

Es algo abrumador cuando nos damos cuenta de que este tipo de vida es más común de lo que nos gustaría. Es normal que una mujer en esta situación comience a dejar de lado el trabajo por cosas que agreguen diversión a su vida, como platicar con sus compañeros; o que empiece a realizar más cosas en casa, por lo que llegará cansada a su lugar de trabajo y le costará mucho rendir lo suficiente.

Este es un ejemplo de lo que pasa cuando no te gusta para nada lo que haces y no tienes ninguna motivación al respecto. ¿Alguna vez has escuchado esa famosa frase de Confucio que dice: "Elige un trabajo que ames y no tendrás que trabajar ni un solo día de tu vida"? Bueno, esa sería la idea principal, si vas a pasar cientos de horas realizando algo, lo mejor es que ese algo sea de tu agrado al menos. Piénsalo de esta manera: es un poco masoquista hacer diariamente algo que te hace sentir infeliz.

Pongámonos serios un momento. Es cierto que trabajar en lo que a uno lo apasiona es un privilegio que, desafortunadamente, no todos tienen a su alcance, pero si alguien odia las matemáticas, ¿sería muy malo que buscara un trabajo que no tenga que ver con números? Se trata de buscar algo adecuado y aprender a que te guste. El caso es tener diversos motivadores para lograrlo.

Sin embargo, si eres de los afortunados que tiene Internet o que está leyendo este libro en un formato físico, entonces es muy probable que puedas elegir, aún si tienes que pasar por varios trabajos intermedios mientras lo logras. Busca siempre algo que ames, esa es la manera en la que no te pesará realizar cada acción, cada ejercicio, cada parte del proyecto, por difícil que sea. Esa es la forma de evitar pasar la mitad de tu vida siendo miserable.

Si te encuentras en ese momento y en ese lugar en el que no eres feliz, intenta encontrar una motivación. Piensa que no vale la pena casarse con un empleo que no te satisface y mejor tómalo como otro escalón para llegar a donde quieres estar. El mundo es muy grande y el tiempo es muy corto como para soportar las cosas que nos pesan. Nuestro cerebro lo sabe, es por eso que promueve la procrastinación cuando no soportamos más.

Sé valiente y no lo olvides, "elige un trabajo que ames y no tendrás que trabajar ni un solo día de tu vida".

Nota: He aquí una tabla con los empleos más amados y odiados en el mundo. Se trata de los resultados de un estudio del 2011 realizado por la Universidad de Chicago (Finanzas Personales, 2011).

Amados	Odiados
Clérigo	Director de tecnologías de la información
Bombero	Director de mercadeo y ventas
Fisioterapeuta	Gerente de producción
Escritor	Desarrollador web
Profesor de educación especial	Técnico especialista
Profesor	Técnico electrónico
Artista plástico	Secretario jurídico
Psicólogo	Analista de soporte técnico
Asesor financiero	Operador de maquinaria especial
Ingeniero civil	Gerente de mercadeo

Conócete a ti mismo

Según se cuenta, en la ciudad de Delfos (donde, por cierto, estaba el famoso oráculo), frente al templo de Apolo, se encontraba escrita la frase $\gamma\nu\tilde{\omega}\theta\iota\ \sigma\alpha\upsilon\tau\acute{o}\nu$, cuyo significado en español es el famosísimo: conócete a ti mismo. La frase era una forma directa de promover el autoconocimiento de cada ser humano, ya que quién se comprendía y sabía definirse, podría encontrar la felicidad.

Entre otras cosas, conocerte a ti mismo supone entender

que no somos perfectos sino perfectibles, es decir, que siempre podemos encontrar cómo mejorar y mejorarnos y no por ello debemos sentirnos infelices, al revés, esto nos ofrece la eterna posibilidad de retomar el rumbo hacia la felicidad, sin importar cuánto nos hayamos alejado.

Pues bien, una de las formas de alejarnos del camino es, justamente, no amar lo que hacemos. En el apartado anterior hablamos de este tópico, pero aquí quiero exponerles una de las maneras que tenemos para encontrar eso que queremos hacer, a lo que queremos dedicar nuestro esfuerzo y ponerle toda nuestra pasión. Se trata, justamente, de aprender a conocernos a nosotros mismos.

¿Qué quiero hacer? ¿Por qué? Y si lo que hacemos es una extensión que nos representa entonces otra pregunta básica debe ser: ¿Quién soy? No tenemos que responder perfectamente ni a la primera, porque tales respuestas van descubriéndose, cambiando y evolucionando poco a poco. Lo que podemos hacer es recurrir a diversas preguntas, más sencillas, desde luego, con las que podremos tener un poco más en claro qué es lo que queremos.

El *coach* Víctor Suárez (2015) nos deja estas preguntas para meditar al respecto:

1. ¿Me gusta lo que hago?
2. ¿Qué me gustaría hacer?
3. ¿Puedo hacer lo que me gustaría?
4. ¿Para qué debería hacerlo?
5. ¿Qué requiero para conseguirlo?
6. ¿Conozco a personas que ya lo han hecho?
7. ¿Qué estoy dispuesto a hacer para lograrlo?
8. ¿Cuándo puedo empezar a hacerlo?
9. ¿Cómo será mi vida cuando lo haga?

Como les dije, no deben estresarse si no pueden responder de una sola vez, son preguntas hechas para que les des suficientes vueltas en tu cabeza. Aunque puede ser que ya estés seguro de lo que quieres. Si es así, felicidades, pero a la mayoría de las personas nos toma un poco más de tiempo el dilucidar a dónde vamos y asegurarnos de dónde venimos. En todo caso, si respondes la primera pregunta de forma negativa, entonces ya conoces una de las razones por las que dejas todo para después, se trata de un proyecto con el que no estás comprometido o no te sientes cómodo, así que tu mente te pondrá en conflicto más veces de las que te gustaría en su búsqueda de un placer rápido y sin esfuerzo.

Algunos tips para saber más de ti mismo son los siguientes:

- Busca tu historial de YouTube y averigua qué es lo que más te gusta ver.
- Busca en el historial de tu navegador y encuentra qué sitios visitas más.
- Identifica tu película y tu personaje favorito y analiza por qué es tu favorito.
- Puntualiza el tema de los libros que lees y busca sus similitudes, encontrarás el rasgo general que te hace leerlos.
- Pregúntale a tus seres queridos cuales son los temas sobre los que sueles hablar.
- Revisa tus gastos y respóndete en qué gastas más, ahí encontrarás otra cosa que te gusta y que, por tanto, es parte de lo que te define.

Tranquilo, no te deprimas ni sientas que todo se ha terminado si no sabes aún qué es lo que quieres, el proceso de conocerte a ti mismo es largo y a algunos les toma toda la vida. Seguro que conoces a algún individuo que se pasa la vida de un trabajo a otro muy diferente. Se trata de personas que viven probando, buscando lo que quieren, lo que les apasione o les guste. Pero no creas que es gente que vive en un eterno retortijón, porque ellos tienen clara su motivación, que es encontrar lo que aman, y con eso en mente, disfrutan cada uno de sus intentos.

Recuerda que llegar a realizar lo que amas es un privilegio del que no todos pueden gozar, entre otras cosas porque hay personas que nunca se toman el tiempo de conocerse y conocer qué es lo que quieren hacer, lo que llena su vida de emoción, así que, si tienes la oportunidad de hacerlo, ya estás en un porcentaje de la población que es más pequeño de lo que crees, y no estoy hablando solo de un empleo, sino de saber qué quieres estudiar, qué deporte te gusta más y, en general, todo lo que se puede arreglar en tu vida si solo descubres qué es lo que te emociona más.

¿Lo haces por el dinero?

Esta es la realidad de la gran mayoría de seres humanos que nos acompañan en este mundo. Somos más de siete mil millones de almas en este pequeño orbe en derredor de un pequeño sol, y los más no pueden escoger otra cosa que un trabajo, de lo que sea, con tal de ganar dinero. Cuando existen carencias básicas, cuando falta para comer, vestir o calzar, cuando no tienes para ir a un doctor si te sientes mal, cuando no hay a dónde ir a educarse, entonces no hay posibilidad de elegir.

Y no, no es hasta que superemos estas carencias que

obtenemos opciones, sino que es cuando logramos un equilibrio, aunque sea precario, que podemos pensar en esas opciones. Quiero creer que, si tienes el tiempo y ánimo de leer este libro, entonces eres de ese sector de la población que puede darse el lujo de elegir en qué laborar y, si teniendo ese lujo solo lo haces por dinero, entonces quiero que te des cuenta de que estás desperdiciando no solo tu vida, también tu tiempo.

Si estás aquí entonces eres un procrastinador, como muchos, como todos en alguna ocasión de nuestra vida, pero si estás atrapado en un trabajo que no te agrada con la única motivación de que tendrás dinero al final de la quincena, entonces es normal que dejes las cosas para después.

Los procrastinadores de este tipo tienden a creer que, como ya tienen seguro un ingreso mensual, quincenal o como se haya pactado, entonces ya no tienen que esforzarse. Se vuelven personas que pasan su día haciendo horas nalga (cuando vas a trabajar y solo te quedas sentado en tu escritorio hasta la hora de salida, sin hacer algo de provecho para la empresa). El problema de las horas nalga es que, al final, siempre se te junta el quehacer y no puedes escapar de él, por lo tanto, el estrés, la ansiedad y la angustia vuelven al ataque.

Ahora, no quiero decir que hacer todo solo por dinero es incorrecto, las personas con carencias no tienen opción y no está mal luchar por salir adelante. Además, hay otras personas que ven el ganar dinero con su empleo actual como un escalón para después independizarse y ser sus propios jefes; o simplemente para tener suficiente dinero como para seguir en la búsqueda de nuevos rumbos que le acerquen a eso que quieren hacer. Esas personas no se sienten atrapadas, saben que es un paso para llegar a un fin y, mientras llegan, disfrutan el viaje.

Lo malo empieza cuando la motivación del dinero, aunque siempre es importante en este mundo, no lo es lo suficiente para hacerte terminar ese reporte que te pidieron desde la semana pasada y que tienes que entregar a más tardar en dos horas. Aquí el problema se recrudece porque este tipo de procrastinador, además de sentir la culpa por no hacer el trabajo, siente una especie de culpa por lo que considera que es "venderse" por unas monedas cada día de pago.

Lo mismo sucede si lo que haces es por el resultado, independientemente de si es monetario o no, por ejemplo, si haces algo solo por ganar algún tipo de fama o si lo que te mueve es aparentar algo que no eres. El problema es que, si no disfrutas del camino y tienes más de una motivación, el resultado nunca será suficiente y, por tanto, nunca será lo suficientemente importante para que valga tu esfuerzo.

Si esta situación se te hace conocida, felicidades, ahora sabes otra de las razones por las que dejas todo para después. La respuesta, tal como dijo la comunicadora social Isabella Marín, es: "Preocúpate por ser la expresión más honesta de ti mismo". Esta es la manera en la que puedes encontrar lo que te motiva. Ante todo, debes conocerte a ti mismo, y en el apartado anterior puedes averiguar cómo.

Nota: Para quienes aún no saben y buscan juntar dinero, harían bien en revisar la siguiente tabla que nos trae TopTrabajos (2020):

Mejor pagados	Peor pagados
Médico	Orientador educativo
Corredor de bolsa	Fisioterapeuta
Desarrollador de *software*	Actor
Arquitecto	Artista plástico
Farmacéutico	Diseñador gráfico
Ingeniero de *hardware*	Músico
Piloto	Filósofo
Economista	Profesor
Abogado	Bombero
Gerente de mercadeo	Escritor

Trabaja consistentemente

La consistencia es una parte importante de tu forma de ser, que muestra que estás en control tanto de tu carácter como de tus actitudes y tu conducta. Si logras mantenerlo todo bien balanceado, entonces la gente te verá como alguien estable, y lo que trae la estabilidad es la confianza. He ahí el *quid* del asunto, he ahí el por qué de la importancia de ser y hacer de forma consistente.

La consistencia, entonces, es la base de la confianza, y quien se vuelve confiable escala de manera más sencilla por los peldaños que quiere subir. Sin embargo, hay que entender que la consistencia, aunque es un rasgo más de ti, no siempre es algo nato y se debe trabajar para obtenerla.

La consistencia no solo te ayudará con esos pequeños detalles, como no saber dónde pones las cosas porque dejas para después el arreglarlas, o ganarte multas porque se te olvida cuándo pagar tus adeudos, sino que te obligará, por su propia existencia, a dejar de procrastinar. Quien tiene consistencia es constante, es decir, mantiene su nivel de trabajo aunque esté más cansado o hambriento o triste de lo normal.

Los ejemplos a seguir normalmente son personas consistentes. J. K. Rowling es un ejemplo consistente de escritor, ya que siguió plasmando en palabras su mundo mágico, sin importar si estaba en la calle con apenas algunas monedas para alimentar tanto a su bebé como a sí misma. Los bomberos son ejemplos a seguir consistentes porque, sin importar lo poco que se les pague (y en muchos lugares es un empleo voluntario, es decir, no reciben compensación económica), ellos lo dan todo para salvar vidas, y lo mismo se puede decir de los doctores y los paramédicos.

La consistencia elevará la productividad pues, sin la opción de procrastinar, realizarás una cantidad diaria de trabajo que se adecue a tu posición en la empresa u organización, lo que se verá reflejado directamente en tu productividad.

En general nos encontramos diferentes ideas sobre cómo practicar nuestra consistencia, especialmente si venimos del desorden mundano que significa la procrastinación. Una de las formas que encontramos para hacerlo es la siguiente:

1. Trabaja en algo que amas.
2. Ten más de un motivo para trabajar.
3. Piensa positivamente sobre tu trabajo.
4. Ponte pequeños objetivos cada tantas horas.
5. Cíñete a tu horario para crear hábitos.
6. Ponte recordatorios para seguir al pie de la letra tu horario de trabajo, tampoco se trata de que no hagas nada más.
7. Recompénsate cada vez que alcances un objetivo.
8. Elimina todas las distracciones que puedas de

tu área de trabajo, de ser necesario, apaga tu señal de wifi y tu celular.
9. Ahorra el 10% de cada pago y no toques ese dinero.
10. Ponte un horario de sueño y respétalo, eventualmente te acostumbrarás.
11. No te desesperes.

Siguiendo estas pequeñas sugerencias, seguramente podrás comenzar a practicar tu consistencia. Recuerda seguir tus horarios tanto para trabajar como para descansar, puesto que el problema de una persona consistente es trabajar de más y no de menos. No olvides que la constancia es parte de lo mismo, por lo que tendrás que acostumbrarte y, ante todo, ten en cuenta que la práctica hace al maestro.

No hay trucos divinos que te lleven de un movimiento de varita a la consistencia en cada aspecto de tu vida, ser consistente está asociado a los hábitos; se trata de voluntad y trabajo. No te des por vencido, ponte objetivos pequeños y claros y aférrate a tu horario con tu vida.

Si vas a hacerlo, sácale provecho

¿Ya conoces eso que te hace feliz, pero necesitas trabajar para vivir de todas maneras? Mucha gente mantiene la idea de que lo que haga por amor no debe hacerlo por dinero. De alguna manera, estas personas sienten que mancharán su actividad predilecta si se solicita un pago. Un ejemplo son los actores de teatro en las provincias.

Verán, en las capitales culturales de cada país, a los actores se les suele pagar muy bien por sus representaciones; no así en las provincias, en donde suele permear la idea de que las personas tienen un trabajo y, además, se dedican a hacer teatro, pero solo por "amor al arte". "No es mi trabajo real, es mi pasión". Algo similar ocurre con los escritores cuando dicen: "Yo escribo para vivir y trabajo para sobrevivir". Hay que romper con esas formas de pensar, no planeo hacer apología del capitalismo, pero, sin duda, todo puede monetizarse hoy en día.

Una de las causas de la procrastinación es que la persona tiene otras cosas por hacer que le llenan más que su "trabajo formal", por lo que van dejando sus obligaciones para después y se meten de lleno en lo que sería su *hobby*. Sigamos con la idea de que tienes que juntar dinero para pagar tu estancia en este mundo, eso está muy bien, pero, de nuevo, no te cases con un empleo, no necesitas hacerlo, mucho menos si no es algo que te llene. Si tienes una actividad que amas, ¿no sería mejor buscar vivir de ella?

Muchas de las actividades que realizamos tienen potencial no solo para ser monetizadas, sino para volverse negocios rentables. Ya sea cocinar o repintar muñecas, si te encanta y eres bueno en ello, entonces puedes cobrar por tu producto. Si lo que te asusta es no poder vivir de eso, mantén tu "empleo formal" mientras ves si todo sale bien. Piénsalo de esta manera: de todas formas ya lo hacías.

Dentro de Internet, hay varias páginas que pueden ayudarte a convertir tu pasión en un negocio, y siempre puedes buscar ayuda profesional, pero por si quieres empezar en algún lugar, aquí van unos tips sobre lo que deberías hacer:

- No vueles a ciegas. Traza un plan de vuelo para tu negocio en el que planees cuánto cobrar por tus servicios y un promedio de ingresos en el primer mes, por ejemplo. Además, debes establecer el tiempo que le dedicarás a tu negocio y sus diferentes áreas, ya sea publicidad, producción, contabilidad, y lo que sea que haga falta según tus necesidades.

- Realiza tu primera venta. La primera es la importante, sin importar el producto del que se trate. Recibir el primer pago por hacer nada más y nada menos que lo que amas siempre será un buen motivador para seguir adelante. Recuerda que puedes reformular el plan anterior cuantas veces haga falta, pero el resultado debe ser alcanzar la meta de ventas.

- Haz rendir tu tiempo. Aunque tu pasión es algo a lo que dedicabas tiempo desde antes, vas a tener que ponerte creativo los primeros meses de tu negocio, vas a necesitar sacar minutos extra de donde cuadre para lograr tus metas. Está bien, siempre y cuando estés encaminado hacia algo.

- Hazte conocido en línea. La estrategia de algunas marcas es enviar muestras de producto a los grandes *influencers* del mundo, pero todo depende de tu plan inicial. Si tienes tiempo y quieres crear tu propio negocio, intenta hacer presencia por ti mismo, puedes ganar seguidores uniéndote a *trends* que tengan una suma importante de vistas.

- Considera tu *hobby* como un trabajo y ponle el empeño que le das a tus "empleos formales". Aprende sobre ventas y publicidad, documéntate sobre las redes que utilizas y en las que te mueves y permanece en constante actualización.

- Empieza pronto, antes de que te arrepientas.
  Por alguna razón, las personas tienden a creer
  que no es buena idea tener tu propio negocio,
  consideran el tiempo que tienen que invertir y,
  entre la flojera y la duda, deciden no hacerlo. Lo
  mejor es iniciar y, si te faltan conocimientos,
  aprender a prueba y error.

Te llevará un tiempo adecuarte (no olvides mantener los horarios fijos para no permitir la procrastinación), pero con esfuerzo y la motivación de que lo que haces te apasiona, conseguirás trabajar consistentemente y, por tanto, ganar consistentemente.

Ahora conoces varias razones por las que procrastinas, a la vez que conoces diferentes fórmulas para contrarrestarlas. El secreto es simple, aunque mucha gente le tiene un miedo irracional: constancia y voluntad. No te rindas, nada se siente mejor que recibir un pago justo por algo que amas realizar.

CINCO

¿INVENTAS COSAS PARA EVADIR LO IMPORTANTE?

Ahora nos centraremos en las cosas que haces para no hacer. No es una clasificación de la procrastinación ni mucho menos, se trata de ejemplos que te revelarán si eres un procrastinador y qué es lo que estás haciendo de forma errónea. Aquí no encontrarás la forma de resolverlo, eso ocurrirá en **capítulos posteriores**, pero es importante que primero entiendas y aceptes que eres un procrastinador.

También podrás observar algunas de las cosas que funcionan como excusas para que la procrastinación entre en nuestra vida, como buscar la perfección, soñar despiertos, ocuparnos en cualquier cosa, aunque no sea importante, tener miedo al éxito y "disfrutar" la presión.

Es importante que te des cuenta de las diferentes actividades que te pones a hacer para evitar tareas importantes. Por ejemplo, verás que una de las distracciones más importantes se encuentra en la red, ya sea al buscar información o al navegar por redes sociales, es más que seguro que por cada cosa útil que encuentres te toparás con cien que no lo son, pero que te harán perder el tiempo felizmente.

Otros pueden dedicar demasiado esfuerzo a tareas secundarias y no a aquello que realmente es importante. Algunos ejemplos van desde dedicar demasiado tiempo en arreglar un logo o un *website* y hasta que no quede perfecto no seguir avanzando en el trabajo, hasta necesitar hacer un *planning* para el negocio, pero recordar que necesitas pasear al perro o ir a hacer las compras de la despensa y acabas retrasando la realización del *planning*.

Un ejemplo más podría ser cuando necesitas hacer una lista de correos, pero no tienes agregados todos los datos. Cuando empiezas a buscar los datos te encuentras con que faltan muchos y terminas buscándolos en vez de hacer la lista de correos que necesitabas desde el principio.

Estos son solo algunos ejemplos, pero en las siguientes hojas encontrarás más que se explicarán mucho mejor y te permitirán descubrir qué es eso que haces en vez de lo que deberías estar haciendo.

Perfeccionismo

Te presento a Ángela, es una mujer fuerte, decidida y tiene algo muy importante qué hacer. Su misión es terminar el papeleo de los alumnos de la escuela América para que queden listas las inscripciones en el sistema. Sin embargo, Ángela no tiene idea de cómo dar de alta a los alumnos. Siempre había tenido la ayuda de Franco, pero el joven había renunciado hace un mes y ahora no estaba segura de qué hacer o a quién pedirle apoyo. Iba a tener que llamar a Apoyo Técnico de la escuela, pero lo mejor era que pusiera en orden los papeles antes de hacerlo.

En pleno proceso de revisión, se da cuenta de que hay muchos cuestionarios que no tienen su firma, al parecer, en un esfuerzo por ir más rápido, había aceptado los cuestionarios y dejó para después el firmarlos. Habiendo descubierto esto, se dio a la tarea de firmar todos y cada uno de los cuestionarios.

Al cabo de unas horas, Ángela piensa que es momento de tomar un descanso y caminar hacia la cocina para prepararse algo. Antes de llegar, se da cuenta de que las toallas están mal puestas afuera del baño y decide que no hay mejor momento para arreglarlas. Toma una toalla, la dobla, la acomoda y luego va con la siguiente. Cuando termina, se da cuenta de que se vería mucho mejor si las acomoda por colores, así que saca todas las toallas de nuevo y vuelve a acomodarlas en otro orden. Claro que Ángela sabe perfectamente que tiene que acabar su trabajo, pero como se detuvo con las toallas y todavía no ha comido algo, se dice que aún tiene que tomar su tiempo de descanso.

Eventualmente, Ángela regresa al escritorio y sigue revisando las firmas, se dice a sí misma que si termina con eso le será mucho más sencillo dar de alta a los alumnos. Más tarde se da cuenta de la hora y de que ya no habrá nadie en Apoyo Técnico que la pueda ayudar, por lo que decide que mañana será el día, que no hay problema porque aún le queda tiempo.

Tristemente, Ángela seguirá diciéndose lo mismo una y otra vez hasta que el tiempo apremie, porque Ángela es lo que se llama una procrastinadora perfeccionista, es decir, alguien que se queda enredado en los pequeños detalles del proyecto a realizar, en vez de ir directamente a lo importante, a lo que le permitirá avanzar.

No me malentiendas, los detalles son importantes, cuando son importantes. Si Ángela pasaba a sus estudiantes al sistema y después se preocupaba por las firmas, no hubiera habido ningún problema. En cambio, el preocuparse por las firmas retrasó que los estudiantes fueran dados de alta en tiempo y forma y ocasionó algunos fallos. Incluso hubo estudiantes que no estaban en la lista los primeros días de clase y sus padres tuvieron que ir a ver qué había ocurrido.

Quizá vean este ejemplo un tanto exagerado, pero recuerden que los ejemplos son para que, quien lo necesite, se vea reflejado.

Hay ejemplos más generales, como el de Rogelio, un muchacho que está muy emocionado con su tema de tesis. Va a investigar un nuevo sistema de gestión que podría ser de gran utilidad para las microempresas, para lo cual está decidido a ir a una de estas empresas y observar el cambio de principio a fin. Está muy interesado e investiga varias cosas a la vez.

Su pensamiento es que, si tiene toda la investigación lista cuando vaya a ver a los dueños de la empresa, entonces no habrá fallos y aceptarán acompañarlo en este viaje de exploración que podría mejorar mucho su gestión empresarial, sin embargo, la investigación se alarga porque Rogelio quiere tener respuestas a todas las preguntas que surjan.

Tiempo después, el muchacho se da cuenta de que ya casi no le queda tiempo y tendrá que arriesgarse con la empresa ya, y aunque lo haga, con el tiempo que le queda quizá no alcance a revisar todos los cambios que necesita.

El meollo del asunto es que, probablemente, el procrastinador no está seguro de cómo empezar su trabajo principal, por lo que se enfrascará en tareas secundarias que lo hagan sentir que sí tiene control.

Imaginación

¿Otro ejemplo? Vayamos a ver a Pablo, nuestro estimado personaje se encuentra en su oficina esperando la información con la que podrá desarrollar un nuevo proyecto. Se trata del diseño de un supermercado de última generación y Pablo, como el arquitecto que es, está francamente emocionado. Ahora está imaginando cómo podría ser. Incluso está realizando algunos dibujos aquí y allá de cómo podrían ser las escaleras o la parte que incluirá *high-tech*. Luego se recuesta en su silla y va más allá, se observa siendo felicitado por su buen trabajo y aplaudido por sus colegas. Quizá incluso imagine que gana un premio por tan buen desarrollo.

Cuando Pablo vuelve a la realidad, se da cuenta de que la información ha sido enviada hace algunas horas, pero también de que ya faltan unos minutos para que termine el horario de oficina, por lo que empieza a recoger sus cosas y se prepara para regresar a casa. Mañana será el día en que realice ese estupendo trabajo que ha imaginado todo el día.

Un procrastinador imaginativo no es del todo malo, que se la pase soñando quiere decir que tiene una buena capacidad creativa. Sin embargo, hay que encauzarla, porque dejarla libre para que vaya y venga solamente te quitará el tiempo. Mucha gente aboga contra la imaginación. La llaman un error o cosa de niños sin darse cuenta de que los logros de este mundo se asientan sobre la imaginación de unos cuantos.

Tatiana, por ejemplo, tiene una idea excelente para una saga de novelas de aventuras. Sus protagonistas serán grandiosos y ella está segura porque ha imaginado una y otra vez la trama. Incluso tiene el final perfecto. Tatiana no deja de pensar en su historia y se emociona cuando se propone sus tiempos de escritura durante el día. Se dedicará en cuerpo y alma a escribir su historia y, al terminarla, la gente va a amar a sus protagonistas sin duda alguna.

Sí, aquí también hay un problema. Nuestra querida

Tatiana no deja de pensar en su proyecto, pero el pensarlo no lo convertirá en realidad. Cuando se sienta frente a la hoja en blanco pasa directamente a imaginar lo que hará, pero no lo hace. He aquí el meollo del asunto, todas las fuerzas se van en la mente, pero sin realizar acciones que lleven a la consecución de las metas, nada de lo que Tati piense importará. No importará que la trama de la historia sea excelente ni que sus personajes sean carismáticos y entrañables si no los pone en papel y los muestra al mundo.

Es interesante como hay muchos que se emocionan con la idea de hacer las cosas, pero no las hacen, lo que normalmente lleva a la frustración y al desespero cuando no saben enfocarse y no realizan sus ideas. Es correcto darse tiempo para imaginar los resultados, sobre todo cuando se trata de una acción que requiera de la creatividad, pero después de eso hay que ponerse en marcha para lograr el cometido.

Trabajo

A Marta la acaban de ascender a jefa de departamento hace unas tres semanas. Su desempeño es algo lento, ya que, al parecer, Marta quiere hacerlo todo. No es que no tenga a otros a su alrededor, es que los demás se ven tan ocupados que a ella le da algo de pena pedirles ayuda. Además, si empieza a dejar que los demás hagan parte del trabajo, ¿cómo estará segura de que se está realizando correctamente?

El problema es que, como Marta avanza muy lento al hacerlo todo, el trabajo se sigue acumulando. En algún momento solicitará ayuda a Diana, su asistente, quien comenzará a hacer lo que le dijo, pero, al encontrar un error en el papeleo, Marta preferirá que Diana siga con sus tareas generales y vuelve a encargarse ella del asunto. De esta manera es como nuestro personaje siempre estará ocupado y raras veces terminará a tiempo el trabajo.

Parece que no es procrastinación, pero en cierto sentido lo es, puesto que se parece mucho al procrastinador que busca el perfeccionismo, pero el error de nuestra trabajadora es que no sabe delegar labores ni trabajar en equipo, y probablemente crea que estar siempre ocupada quiere decir que está avanzando, pero no es así.

Lo más probable es que esta persona sienta el temor de dejar de tener algo que hacer y prefiera mantener todo bajo su control, por lo que da vueltas alrededor de cualquier cosa sin llegar a algún resultado real. Para ser más específicos: está haciendo tareas que no le toca realizar, así que es mejor que se enfoque en lo que sí tiene que hacer y aprenda que los jefes deben delegar responsabilidades, independientemente de si lo quieren hacer o no.

También está la falsa creencia de que ser *multitask* es el futuro y que quienes no pueden hacerlo es porque son incompetentes en este mundo moderno. Ya hablaremos al respecto más adelante, pero más vale que no creas que quien delega es incompetente, porque es la única manera en la que los grandes empresarios pueden tener su negocio en orden. Bill Gates y Jeff Bezos no tendrían ninguna posibilidad de ser quienes son ahora si no tuvieran gente que se encargue de cada parte de su empresa.

Regresemos entonces a nuestro asunto. Un procrastinador que siempre está ocupado es porque no avanza realmente y no tiene tiempo de celebrar la victoria porque nunca llega a ella. Puede que dedique muchas horas de su horario de trabajo para realizar tareas que realmente no son relevantes y que podría hacer cualquier otro, pero se dice a sí mismo que es algo que mejor valdría terminar para poder centrarse después en su trabajo. Se engaña, **todos los**

procrastinadores se engañan sin creérselo realmente.

Así que, al seguir ese rumbo, pasa horas y horas leyendo y respondiendo correos, monitoreando a cada momento lo que hacen los demás y revisando las redes sociales de la empresa, argumentando que solo lo hará un momento, pero siendo tragado por el hoyo negro que suelen ser el Internet. He aquí el procrastinador que siempre está ocupado.

Miedo

La verdad es que casi cualquier tipo de procrastinación podría entrar en esta categoría. No tenemos idea en realidad de cómo realizar ciertas cosas y tememos hacerlo y que se burlen de nosotros, que quedemos como tontos, que se nos haga fama de no saber o que con ello mostremos nuestras vulnerabilidades, lo que nos dejaría desnudos frente a gente que ni conocemos.

- Quienes procrastinan en busca de la perfección tienen miedo al fracaso.
- Quienes procrastinan soñando despiertos tienen miedo a no llenar sus propias expectativas.
- Quienes procrastinan para sentirse ocupados todo el tiempo tienen miedo de perder el control.

El miedo es una parte, a veces muy pequeña y a veces enorme, de lo que nos lleva a dejar ciertas cosas para después. Como prefieres no sentir eso, entonces la mente te dice que es mejor no hacer nada, lo que, eventualmente, te llevará a no tener otra opción que hacer algo, pero con enorme temor, ansiedad y estrés de por medio.

En este caso, cuando el trabajo es aburrido o desagradable, es cuando pospondrás las cosas para evitar tener que realizarlas. El miedo va muy de la mano con la desmotivación, lo que es peligroso porque puede llevar a un *burnout*, estado del que hablaremos en **otro capítulo**, pero que nos lleva seriamente cerca de la depresión.

Los procrastinadores miedosos normalmente son indecisos, todo el tiempo padecen del miedo al fracaso, prefieren actividades en las que puedan predecir su éxito y obtienen grandes niveles de ansiedad cuando se enfrentan a algún tipo de evaluación. Se sienten más inseguros cuando perciben que las exigencias son muy altas y a veces buscan culpar a otros de que se ha retrasado la entrega de resultados. Además, tienen muy poca tolerancia ante la frustración.

Por la misma cualidad de este problema, los procrastinadores con miedo suelen optar por empleos con baja responsabilidad, por lo que suelen sentirse como fracasados en cuanto a lo laboral. Si el empleado procrastinador no recibe ningún tipo de retroalimentación respecto a la calidad o al trabajo cumplido, el sentimiento de no valer puede hacerse más pronunciado y profundo, por lo que este tipo de procrastinador tiene miedo tanto de la evaluación como de la falta de la misma.

En realidad, cualquier ejemplo de procrastinación que te ofrezca este libro puede ser reducido a cierta cantidad de miedo, y no es para menos, pero no hay una sola forma de ver al miedo.

Casandra Ruiz, en su artículo *Initium sapientiæ timor* (2013), nos recuerda lo siguiente:

Como seres "racionales" que somos, el entendimiento

brinda una escalera al agujero negro en el que nos mantiene la ignorancia: el miedo, que en este contexto incluso pueden manejarse como sinónimos (ignorancia = miedo). Pero el miedo puede provocar dos tipos de reacciones, en las que se pueden dividir los seres humanos. Están los que se paralizan tanto que apenas si respiran, y poco a poco se vuelven esclavos del temor. Los otros, los que esperamos que sean mayoría, son a quienes el miedo los hace correr, avanzar, buscar cómo detener ese pánico que nos invade por culpa de lo ignoto y así, encontrar el conocimiento.

La procrastinación nos lleva al primer tipo de reacción, hay que poner manos a la obra para convertirla en el segundo tipo, en el que nos hace avanzar y alcanzar nuestras metas.

Presión

Alberto está cansado, salió con sus amigos el viernes y tiene mucha tarea para el lunes, pero no tiene ningún pendiente porque sabe que aún le queda tiempo. Apenas es sábado y, preferentemente, descansará bien ese día para poner todas sus energías el domingo. Seguramente terminará a tiempo si empieza a buena hora y no tendrá que preocuparse mucho al respecto, así que pasa su sábado sonriendo y jugando videojuegos sin temor alguno.

Esa noche abre el chat de grupo de su salón y se da cuenta de que todos están teniendo algunos problemas con la tarea, pero decide cerrarlo rápidamente, ya se preocupará por ese asunto mañana. Tras una cena deliciosa y buena charla con sus padres, Alberto cae en un profundo sueño. Al otro día se levanta temprano. No se siente muy descansado, pero ya no puede dormir. Se hace un buen desayuno y se pone a revisar sus redes sociales y a reír con los memes que encuentra.

Sin casi darse cuenta, ya es hora de comer. Sus padres le preguntan por la tarea y él dice que comenzará justo después de la comida. Así lo hace, se levanta de la mesa y se dirige a su escritorio. Sin embargo, parece que Alberto comió de más, y ahora su cuerpo se siente pesado y el calor del ambiente no lo ayuda, así que decide tomar una siesta para que, al despertar, pueda concentrarse completamente.

Desafortunadamente, nadie lo despierta y él sigue durmiendo hasta bien entrada la noche. Ahora tiene aproximadamente nueve horas para terminar su trabajo, pero también tiene un par de tareas de otras materias. Decide realizar esas primero para después centrarse en la tarea problemática. Termina a eso de las tres y media de la mañana y le quedan cuatro horas para realizar la tarea pendiente.

En este momento recuerda que hablaban sobre esa tarea en el chat grupal y lo abre. Se encuentra con muchos mensajes al respecto y con varios compañeros que compartieron sus trabajos en busca de retroalimentación y de brindar apoyo. Valiéndose de estas ayudas, Alberto logra terminar su tarea apenas a tiempo de arreglarse para ir a imprimirla y llegar a su escuela.

Más tarde, cuando le den su calificación, será mejor de lo que esperaba, por lo cual comenzará a pensar que trabaja mucho mejor bajo presión. He aquí a un procrastinador con suerte, porque realmente no trabaja mejor bajo presión, nadie lo hace, pero la presión nos obliga a terminar cosas y no nos detenemos a pensar que la calidad de lo realizado podría ser muy superior si tan solo nos diéramos el tiempo para trabajarlo y no dejáramos todo para el último momento.

Estos personajes pueden sentir que la inyección de adrenalina los hará triunfar todo el tiempo, pero lo cierto es que esto depende más de factores externos que de ellos mismos, por lo que, en algunas ocasiones, no podrán concluir a tiempo. Sin embargo, se escudarán en las veces que sí lo han logrado para seguir repitiendo estos patrones de inacción.

SEIS

TOMA CONTROL DE TU PROCRASTINADOR INTERIOR

Estás a punto de terminar tu tarea de matemáticas, pero en eso se te ocurre que es buena idea entrar a revisar Facebook y se te olvida.

Acabas de conseguir un excelente resultado en el trabajo y tienes que reportarlo a tus superiores, pero tus amigos te invitan a celebrar y se te pasa.

¿Qué es eso que te hace voltear a otro lado en vez de terminar tus ocupaciones?

Ya hemos establecido que eres un procrastinador. Lo sabes, siempre lo has sabido, pero ahora tienes la respuesta obvia frente a tu cara. Entonces, ¿qué puedes hacer?

Lo que necesitas es aprender a escuchar, aprender a entenderte y darle un giro a tu vida, darle un giro a esa ansiedad que te hace no querer saber de ese trabajo tan importante. No vamos a erradicar a tu yo procrastinador. No. Vamos a encauzarlo para el bien mayor.

¿Qué es la voz interior? Bueno, se trata de esa voz que ha crecido contigo y te conoce mejor que nadie. A veces se le conoce como instinto, pero es algo que te ayuda a preservarte y a llevarte a un estado de bienestar. Sin embargo, cuando nuestra mente ha sido contaminada con la procrastinación, a nuestra voz interior se le aúna la voz del procrastinador interior, esa voz que nos incita a dejar de lado nuestras obligaciones y a realizar cosas que nos ofrecen un consuelo inmediato, pero que no solucionan el problema.

A continuación podrás aprender algunas técnicas y ejercicios que te ayudarán a conectar con esas voces que conviven dentro de ti y, además, te presentaré la importancia de discriminar ciertos pensamientos y acciones.

Aprende a escucharte

Todos tenemos una voz interior. Quienes tienen tendencias destructivas tienen una voz que les susurra cosas oscuras. Normalmente, tu voz interior está ahí para guiarte hacia algo mucho mejor; sin embargo, si lo que tienes es un procrastinador interior, quizá sería de utilidad escucharlo y luego decidir sobre lo que te dice.

Cuando no ponemos atención, le estamos dando completa libertad a esa voz interior de llevarnos por donde quiere. En el caso de una voz procrastinadora, le estamos dando el permiso de introducirnos en el estrés que conlleva el dejar las cosas para después. Muchas veces esta voz te habla directamente y lo notas; otras son susurros que apenas si logras escuchar, pero la mayoría de las veces no es una voz como tal, son sensaciones, sentimientos y necesidades. Tu voz interior te habla más allá de los pensamientos racionales, y con eso puede manipularte como desee.

No es para que le tengas miedo a tu voz interior ni mucho menos. Se trata de una parte de ti y, por tanto, debes amarla del mismo modo que a ti mismo. Sin embargo, cuando tu voz interior ha sido contaminada por la procrastinación, hay que prestarle atención y hacer algunos arreglos sobre el qué y cómo escucharla y a qué hacerle caso o no.

Hay muchas formas de escuchar esa voz que te habla directamente a tu interior, pero aquí te dejaré una de ellas que puede ayudarte. He aquí algunos ejercicios con los que lograrás escuchar a tu procrastinador interior:

- Lleva un diario de pensamientos. Si escribes un pensamiento será mucho más sencillo que lo analices y descubras de dónde viene. Quizá es por algo que escuchaste esa mañana, quizá es porque tienes algún resquemor claro sobre lo que estás por hacer o, quizá, es una idea que proviene de tu interior y quiere decirte algo. Por supuesto, también será claro cuando este pensamiento provenga de nuestro procrastinador interior, ya que lo que sea que proponga estará enfocado en retrasar algo que debes estar haciendo.

- Haz de escucharte un hábito. Puede parecer que no tiene importancia, pero los hábitos lo son todo en nuestra vida. Si creas el hábito de escucharte entonces cada vez se te hará más sencillo descubrirte. Tómate quince minutos en las mañanas para escribir tus pensamientos y analizarlos, hazlo en un lugar tranquilo en el que te sientas bien y que esté libre de las exigencias de tu día a día. Si encuentras tiempo en otro momento del día para realizar el análisis, excelente, pero hazlo de todas formas en las mañanas y crea el hábito de monitorear tus pensamientos.

- Desarrolla tu mente. Debes lograr una cierta

sensibilidad antes de empezar tu análisis, por lo cual deberías encontrar un método para hacerlo. Algunas personas escuchan su música favorita, otros ven una película y otros incluso meditan antes de empezar. Recuerda que hacerlo en la mañana es importante porque tienes la mente despejada y lista. Yo te recomiendo un ejercicio de respiración que verás más adelante y, ante todo, ten paciencia, escuchar la voz interior no es algo que se logre de la noche a la mañana.

- Organiza los pensamientos que te lleguen. Aquí es donde está el asunto. Si tienes un compromiso probablemente lo que te llegue sean pensamientos sobre dicho compromiso. Que lo realices de tal o cual manera y, además, tu procrastinador interior se hará escuchar con cosas como: no olvides revisar tu correo, es importante que comas antes de empezar a trabajar; quizá deberías ver Facebook y Twitter por si te han enviado alguna información a redes; no dejes los platos recién lavados en el escurridor, recuerda que tu casa es primero. Es importante que aprendas a destilar los pensamientos que te llevarán a acciones vanas, así que sepáralos en listas diferentes.

- Manos a la obra. Una vez que hayas realizado tu análisis del día con los primeros pensamientos que se te vinieron a la cabeza, es hora de salir al mundo y actuar. Has escuchado y analizado lo que tu voz interior te dijo o intentó decirte, y escuchaste a tu procrastinador interior, ahora te será más sencillo escucharlo durante el día porque sabes las opciones que te ofrece. Cada vez que tu procrastinador interior intente envolverte, tu sigue haciendo eso que él te pide que retrases, porque si te causa un poco de ansiedad o estrés es cuando el procrastinador te incita, y es necesario que sigas por ese camino y lo desoigas, ya que es exactamente el camino a seguir.

- No olvides descansar. El descanso también debe volverse un hábito. Date un horario diario de descanso y no lo rompas y toma un día de la semana (normalmente suelen ser sábado o domingo) para descansar totalmente de cosas que tengan que ver con tu "trabajo formal". El descanso es necesario para que tu mente y cuerpo estén preparados para llevarte aún más lejos, no lo olvides.
- Sigue practicando hasta que escuchar tu interior sea algo propio de ti, no un esfuerzo, sino algo que haces que te hace ser quien eres.

Ejercicios complementarios

Aunado a esto, aquí hay algunos ejercicios que seguramente te servirán:

- Presta atención a lo que sientes.

Hay momentos en los que sientas miedo, angustia, nerviosismo, emoción, felicidad y toda la gama de sensaciones humanas y sentimientos. Si aprendemos a ponerles nombre, aprenderemos qué tipo de sensación es la que nos guía a procrastinar. En este caso, el miedo, la inestabilidad, el nerviosismo y el estrés pueden llevarnos allá.

- Interpreta tus sueños.

No es algo sencillo y no te recomiendo que busques diccionarios de sueños ni nada de eso. Lo que debes hacer es algo tan sencillo como describir lo mejor que puedas el sueño, en una libreta o un archivo de texto, y luego analizarlo. Lo que para ti significan los perros no será lo mismo que para otra persona. Analízalo y ve creando tu propio diccionario de sueños. Recuerda que son muchos los medios por los que percibimos nuestra voz interior, los sueños son uno de ellos.

- Presta especial atención a las dudas.

Cuando dudes de una de las decisiones que debes tomar, recuerda un momento en el que tomaste una decisión acertada. Visualiza la escena en tu mente, recréala y date cuenta de lo que estabas sintiendo en aquel momento. Ahora compáralo con lo que sientes en este momento y toma la decisión. Tu voz interior te ayudará si sabes cómo escucharla. Si te cuesta más trabajo, puedes realizar el mismo ejercicio de las mañanas, escribir los pensamientos que se te vienen a la cabeza y clasificarlos.

- Ejercítate.

Hay personas que se sienten muy bien después de haber bailado, corrido, saltado o levantado algunas pesas. Realiza tu ejercicio favorito o solo camina unos treinta minutos y después, con esa sensación revitalizante, quédate en silencio, respira e intenta escucharte entre todo el barullo del mundo.

• Acércate a la naturaleza.

Así como algunos se sienten mejor después de haberse ejercitado, otros lo hacen al verse rodeados del mundo natural. Si tú eres de estos últimos, proponte hacer tus análisis en algún lugar en donde encuentres ese ambiente que te calma y te hace concentrarte, por ejemplo, algún jardín o parque, de esta manera será mucho más sencillo realizar tu tarea.

• Imagina tu voz interior.

Siéntate un momento antes de que la busques e intenta darle forma. Piensa en el tono de esa voz, en si será una persona, un animal o algo más. ¿Tendrá eco como los videos de voces fantasmales? Quizá se parezca a la voz de alguien que conoces y que siempre te aconseja correctamente. Describe tu voz interior tanto como puedas, esto te ayudará a conectar con ella y, además, notarás enseguida el cambio de tono cuando otras voces intenten intervenir, así se te hará más sencillo notar al procrastinador que vive en nosotros y a las voces externas que se alojan dentro de nuestra mente.

Formas de respirar

Todos respiramos a diario y ni siquiera nos damos cuenta de ello, claro, a menos que haya que ponerle atención por algún problema que nos haga difícil el trabajo. Pese a esto, nuestra respiración no es del todo correcta, se hace de la forma más sencilla, pero no por eso es la mejor. Optimizar tu respiración te permitirá mejorar tu capacidad pulmonar y oxigenar mejor la sangre, además de tonificar tu corazón. Aprender a respirar también influye en cosas necesarias en el tema que nos interesa, ya que nos ofrece autocontrol, concentración y tranquilidad, tres requisitos para empezar a escuchar tu voz interior y también a tu procrastinador interior.

En su libro sobre hipnosis, Leticia Caballero (2020) nos explica cuatro tipos de respiración, en las cuales siempre se inhala por la nariz y se exhala por la boca.

1. Respiración diafragmática: Con ella los pulmones se van llenando desde abajo, de manera que parece que nuestro vientre se infla. Es la respiración que suelen tener los bebés al dormir.
2. Respiración torácica: Habiendo iniciado la respiración diafragmática, la torácica continúa llenando parte de los pulmones, lo que hace que se separen un poco las costillas.
3. Respiración clavicular: Este tipo de respiración por sí sola no sirve más que para hiperventilar. Cuando se respira así sólo se levantan el pecho y los hombros y es porque el nerviosismo bloquea la parte inferior de los pulmones.
4. Respiración total: Es cuando se unifican las anteriores y se logra dominar, de manera consciente, la respiración.

No es necesario respirar de forma total todos los días de la semana. Hay que tener en cuenta que la respiración mecánica, la que hacemos sin darnos cuenta, ya cumple bien su obligación de mantenernos oxigenados, pero esta respiración es la que nos permite una relajación completa.

Lo ideal antes de empezar los ejercicios para escuchar tu voz interior es realizar de cinco a diez minutos de respiración diafragmática mientras se está acostado boca arriba con las manos en el abdomen. Esto te ayudará a estar enfocado en el momento en que más lo necesites. Una buena idea sería hacerlo antes de tomar alguna decisión importante.

Pensamientos procrastinadores

Cuando estás a punto de procrastinar, se enciende en tu interior un debate interesantísimo en donde se lanzan argumentos de un lado y de otro como si no hubiera un mañana. A veces simplemente te rindes y decides no meterte en esos entuertos, pero normalmente las alarmas se prenden a todo lo que da y comienza la lucha por no hacer eso que tienes que hacer. Y sin importar cuántas veces ocurra, tus pensamientos procrastinadores pasarán por alguna de estas frases:

- Voy a dejarlo hasta estar seguro de cómo hacerlo.
- Hoy tengo mucho que hacer, será mejor dejarlo para después.
- No puedo iniciar sin tener toda la información necesaria.
- Lo dejaré para después, trabajo mejor bajo presión.
- No hay problema, tengo tiempo.
- No es necesario hacerlo ahora, puede ser después.
- Empezaré después de lavar los platos (o hacer alguna cosa que no es tan importante).

- No es buen momento para iniciar, debo sentirme mejor.
- Por ahora estoy ocupado, eso tendrá que esperar.
- Hoy no, pero mañana sí que lo haré.

Desafortunadamente sabemos que, con cada cosa que dejemos para después, también nos estamos cargando del estrés y la ansiedad de no realizar lo que deberíamos estar haciendo.

Lista de tareas

Hacer listas es una de las cosas más normales hoy en día, pero no podrás creer lo importante que es hacer listas tanto para escuchar tu voz interior como para escapar de tu procrastinador interior. La mayoría de las personas abandonan sus listas de tareas porque no pueden terminarlas ni avanzan al ritmo que desearían, por lo que sienten que su frustración proviene de ellas y no de que no saben gestionar su tiempo ni son realistas.

Por ahora te presentaré algunos consejos que te permitirán sacar mayor provecho a tu lista de tareas.

- Sé realista.

Ya te lo había comentado, las frustraciones provienen de no ser realistas con las actividades que nos proponemos. Es claro que no podrás escribir un libro de un día para otro, pero tampoco podrás pintar cinco cuadros de buena calidad. A veces nuestras expectativas se escapan del plano de lo posible y es por ello que nos desesperamos y el ente procrastinador llega al ataque. No sirve de nada planear una tarea que no vamos a poder cumplir. Desafortunadamente, en este mundo hay que tener en cuenta factores como el tiempo, la energía que tenemos o, incluso, la motivación para realizar tal o cual actividad.

- Desglosa las tareas grandes.

Lo mejor cuando se trata de algo que te llevará mucho tiempo, es desglosarlo en partes más pequeñas. Así, aunque vayas poco a poco, cada que termines un pequeño objetivo sentirás que has avanzado y no caerás en la desesperación. Desglosar las tareas también es importante si de un trabajo de equipo se trata. Especifica bien qué actividad le toca a cada miembro del equipo y asigna tareas concretas para agilizar las cosas.

- Prioriza.

Cuando estamos inmersos en nuestro día de trabajo podemos perder el enfoque y pasar por alto lo que deberíamos estar haciendo por cosas que en realidad no son tan necesarias. Esto puede ser parte de tu procrastinación o puede ser un error, sin embargo, para eso están las listas de tareas. Al realizarla, pon hasta arriba las cosas más importantes y que deben ser resueltas primero, de este modo, aunque no termines tu lista del día, habrás realizado las cosas que necesitaban salir ya y lo que falte podrás terminarlo mañana sin cargo de conciencia.

Por inercia, solemos dejar para más tarde las cosas que nos piden más esfuerzo, pero no importa la cantidad de esfuerzo, lo mejor es priorizar las cosas que se deben hacer según el trabajo de cada uno. Si necesitas hacer inventario y luego cerrar el mes, primero tienes que hacer el inventario, sin importar que sea más tardado y cansado que hacer las cuentas del mes.

Entonces repitamos las instrucciones, por si no han quedado claras:

1. Haz una lista con diez tareas para completar en el día.
2. Prioriza la lista y haz coincidir el número uno con lo que debe de hacerse enseguida y el número diez con lo que no importa si se hace hoy o mañana.
3. Realiza las tareas en orden.
4. Escribe descansar en alguno de tus diez puntos.

Lista de procrastinación

Así como las listas de tareas nos permiten escudarnos de la procrastinación y acercarnos a nuestra voz interior, así las listas de procrastinación nos dan una idea de cómo escuchar a nuestro procrastinador interior y elegir si hacerle caso o no. Esta lista no la realizas al iniciar tu día, como la lista de pensamientos que debes analizar. Tampoco la realizas al iniciar tu día laboral, como la lista de tareas de la que recién hablamos. No. Esta lista la realizas en el momento en que debes hacer algo y te das cuenta de que se te antoja hacer otra cosa.

Por ejemplo, cuando tienes que terminar un balance general y se te antoja ir por un ponquecito. Supongamos que ir por algo de comer no es motivo de peligro, vas y regresas y puedes estar mordisqueando tu ponquecito mientras trabajas. El problema es que, si cedes a una cosa, puede que tu mente te diga que es momento de hablarle a tu madre mientras tomas un descanso para comer y entonces te lleves más tiempo del necesario y vayas retrasando ese trabajo que necesita hacerse.

En este momento es cuando debes iniciar la lista.

1. Comer
2. Llamar a mamá
3. Revisar redes sociales
4. Platicar con la secretaria
5. Acabar de responder los correos electrónicos
6. Limpiar el escritorio.

Y así, ir haciendo la lista de todo lo que tu mente de pronto traiga a colación mientras estás realizando tu trabajo.

¿Recuerdas que en tu lista de tareas debes poner tu tiempo de descanso? Bueno, pues ése será el momento de darle rienda suelta a todas las cosas que escribiste en tu lista de procrastinación. O al menos a todas las que puedas en el tiempo designado. De esta manera, tu mente no podrá pedir que hagas lo que ya hiciste y, por tanto, tus pensamientos procrastinadores bajarán su ritmo buscando otras cosas con qué detenerte. Vuelve a anotarlas en la lista y realízalas en tu próximo tiempo libre. De esta manera irás avanzando y no tendrás las mismas cosas rondando tu cabeza.

Tampoco dejes que esta lista se convierta en tu excusa procrastinadora, anota rápidamente lo que te venga a la cabeza y luego continúa trabajando.

SIETE

¿CANSADO DE GASTAR TU TIEMPO?

En este capítulo entenderás la importancia de priorizar actividades, pues se te mostrará un menú con diversas actividades que quizá te quitan mucho del tiempo que deberías estar usando en otra cosa. Podrás identificar algunas de las actividades de ocio que te pueden afectar a largo plazo, como salir de fiesta todas las noches, o el entretenimiento digital, que es como un agujero negro que suele quitarnos muchas horas de nuestro día.

También podrás darte cuenta de cómo utilizas ciertas actividades del hogar o el trabajo que te llevas a casa para retrasar lo que tienes que hacer, o incluso como las mismas actividades del trabajo pueden gastar más tiempo del que imaginamos, en especial cuando son a largo plazo.

La opción ante todo esto es organizarse, ya sea con alguna agenda o con la lista de tareas de la que ya hablamos. No dejar de lado las cosas más importantes, porque son las que nos acarrearán problemas.

Entonces nos adentraremos en la respuesta a esa vieja pregunta que vive en nuestro imaginario y que de vez en cuando escuchamos por ahí: ¿por qué no me alcanza el tiempo?

El día tiene 24 horas para todos en todo el mundo, de eso no hay duda, sin embargo, muchos de nosotros padecemos por el problema de que nunca nos alcanza el tiempo. La respuesta puede estar en el miedo a estar desocupado y que los demás digan que uno no es productivo, sin darse cuenta de que el estar desocupado quiere decir que se han terminado todas las tareas en tiempo y forma.

En este capítulo también encontrarás una tabla que te permitirá entender cómo dispones de tu tiempo y organizarte de mejor manera.

Actividades de ocio

Aunque el ocio es necesario para la vida, también es cierto que hay ciertas actividades que resultan ser negativas para nosotros a largo plazo. Es conveniente que nos demos cuenta de qué cosas deberíamos dejar de lado porque son parte de nuestra procrastinación y de nuestra involución.

Pongamos las cosas de este modo: todo es malo en exceso, sobre todo si no puedes evitar el excederte.

Aunque no hay explicación fehaciente sobre enfermedades como el **alcoholismo**, también llamado dipsomanía, se dice que ocurre porque las bebidas alcohólicas hacen que el cuerpo libere endorfinas, una sustancia neurotransmisora que se encarga de hacernos sentir felicidad. Las personas que se vuelven alcohólicas tienen algún factor de riesgo que los vuelve más sensibles a este exceso de químicos, lo que propicia la adicción.

Estos factores de riesgo pueden ser biológicos, ya que es muy probable que haya anomalías genéticas o bioquímicas que lo propaguen; psicológicos, ya que quienes padecen de ansiedad, baja autoestima o timidez pueden caer más fácil; y sociales, ya que los encuentros interpersonales suelen ser momentos ideales para que se dé el abuso del alcohol.

Según la clínica para tratamiento de adicciones de la Fundación Recal (2020), el alcoholismo produce tanto dependencia física que, en su peor manifestación, puede llevar a la muerte, y dependencia psicológica, pues el adicto no tiene idea real de cómo manejar su vida sin ayuda del alcohol.

Podrán darse cuenta de que los síntomas que se manejan son totalmente compatibles con los de la procrastinación, aunque el adicto al alcohol tiene más difícil su salida. Dichos síntomas son:

- Necesidad de estar consumiendo alcohol.
- Imposibilidad de cumplir diversas promesas.
- Descuido de higiene personal o de la alimentación.
- Problemas para dormir.
- Ausencias, errores y retrasos recurrentes en el trabajo.
- Angustia en las mañanas.
- Pérdida de tiempo y dinero por el consumo o la resaca.
- Hacer vínculos solamente a través de la bebida.
- Sentimiento de culpa.
- Lagunas mentales.
- Estar a la defensiva.
- Cambio de personalidad.

Otra actividad que suele ser problemática y que no tiene por qué considerarse mutuamente exclusiva con la anterior es el juntarse con **personas negativas**, que te llevarán a realizar cosas negativas o, en el mejor de los casos, a no hacer nada. Hay diferentes razones por las que este es un problema a largo plazo y, aunque no sea una enfermedad como el problema anterior, sí se trata de un error para quien quiere mejorar su productividad y perfeccionarse continuamente.

Aunque la gente negativa suele parecer divertida, lo cierto es que estar alrededor de quienes le ven algo malo a todo nos desgasta en diferentes niveles, además de que habrá ciertas cosas que se supone que deben hacer los buenos amigos y que ellos no podrán cubrir. Por ejemplo: no podrán darte apoyo moral. Ellos buscan lo malo de cada situación y lo resaltan, si lo que necesitas es un abrazo y que te digan que todo estará bien, lástima, ellos no te ayudarán. Es más, se la pasarán recordándote cada pequeño defecto de tu vida.

Además de eso, las personas de este tipo siempre negarán que sea posible que realices tal o cual cosa, apoyando solamente lo que ya está probado y evitando que te arriesgues en algo que te hace ilusión. Todo es un gran "no vas a poder" con ellos alrededor. Incluso aunque te arriesgues por tu cuenta, lo cierto es que si pasas mucho tiempo con ellos lo más probable es que te vuelvas uno más, amargado, sin ilusiones, con una mala actitud ante la vida y, por tanto, realizando muy malas decisiones.

Finalmente, cada vez que charles con ellos o intercambien ideas de alguna manera, acabarán conduciéndote hacia áreas en las que no te habías interesado y preocupándote por cosas que antes no pensabas. Sin darte cuenta, sus ideas se sembrarán profundamente en tu cerebro y será muy difícil alejarte de ellas. Si de casualidad tus compañías además de ser negativas son criminales, entonces el problema se acrecienta mucho más.

Salir a pasear o de fiesta no tiene que ser en sí algo negativo, pero si lo combinas con los dos aspectos anteriores, el salir se vuelve una extensión más de las actividades que son muy malas a largo plazo. Si a la hora de salir sabes que vas con compañías poco recomendables y que lo que más los une es la bebida, creo que sería momento de pensar en reorganizar tu vida.

Estas son solo algunas de las actividades de ocio que pueden ser negativas a largo plazo y que tienes que ser capaz de observar si es que las encuentras en tu vida.

Actividades de entretenimiento

Estas son muchas y hoy en día tenemos tal cantidad de distracciones al alcance de la mano que suele ser extraño que no las tomemos. Hay actividades que están disponibles para todos de manera gratuita y otras que necesitan de un pago, ya sea por conexión a la red o para tener televisión por cable. Ahora veremos algunas de ellas.

- Páginas o aplicaciones de *streaming*.

Se trata de esos lugares en los que puedes ver videos o películas y se dividen en los pagados y los gratuitos, teniendo en cuenta que los gratuitos suelen tener su apartado premium para quienes quieran pagar.

Algunos de los de paga son los siguientes: Netflix, Amazon Prime Video, HBO GO, Starz Play, Accorn TV o Disney Plus; de los cuales uno de los más utilizados en los países de habla hispana es, precisamente, Netflix.

¿Cuántas horas sueles ver Netflix o alguna aplicación de streaming en tu semana?

Los servicios gratuitos son muy conocidos también,

tenemos a YouTube como el más utilizado, además de Vimeo, Sony Crackle, Twitch, PopcornFlix, Veoh, Viewster o DailyMotion. El primero, claramente, es el más conocido y en el que podemos sumergirnos durante mucho tiempo.

¿Cuántas horas sueles ver videos en tu semana?

* Redes sociales.

Se trata de páginas o aplicaciones que permiten el intercambio de información entre personas, empresas o figuras públicas. Las primeras fueron Friendster, MySpace, Orkut y hi5, pero ya cayeron en desuso y actualmente existen algunas que muchos utilizan, como LinkedIn, Snapchat, TikTok, Pinterest o Tumblr. Además de las más reconocidas y utilizadas, como Facebook, Twitter o Instagram.

Hoy en día utilizamos estos sitios para desarrollar nuestra vida social cuando no tenemos tiempo para salir de casa, además de que logramos comunicarnos en tiempo real con personas alrededor del globo y, sobre todo, nos da horas y horas de diversión con la difusión de memes (imágenes graciosas) que nos pueden mantener entretenidos años enteros, porque a las redes sociales se sube más información de la que seremos capaces de obtener. Aunado a todo esto, normalmente tenemos cuenta en más de una aplicación, lo que multiplica la información que puede llegar a nosotros.

¿Cuántas horas pasas en tus redes sociales?

Aunque solo he hablado de algunas de las distracciones que nos trae el Internet, lo cierto es que hay muchas más, pero por lo menos podrás ver las que he mencionado aquí y darte cuenta de cómo gastas tu tiempo en ellas.

Actividades personales

Además de las actividades de ocio y entretenimiento, hay cosas que siempre se tienen que hacer. Una casa, por ejemplo, nunca deja de generar trabajo. Ya sea el limpiar el frente, atender el jardín, lavar el patio, fregar los trastes, lavar y planchar la ropa, barrer y trapear los pisos y muchas cosas más.

Además de esto, lavar el auto puede ser toda una aventura si lo haces tú mismo o un gasto si mandas a que lo hagan. Y ya que hablamos del auto, probablemente lo uses para ir a comprar lo que haga falta en la casa, algo de la despensa, lo que vas a cenar, la comida de tu mascota o, incluso, un nuevo pantalón.

Todos los días hay que hacer cosas y, aunque no son actividades menores, la verdad es que sí hay que calcular el tiempo que pasamos haciéndolas para que te des cuenta de cómo controlarlo. Por ejemplo, si lavaras cada plato o vaso que ensucies en el momento en que termines de usarlo, probablemente no se junten tantos trastes y no te lleve tanto tiempo el limpiarlos. Hay que analizar cada una de las actividades personales que realizamos, porque quizá tomamos tiempo de más con tal de no hacer lo que deberíamos estar haciendo.

Actividades extralaborales

Los maestros, por ejemplo, tienen que planear cada clase que dan desde el día anterior. Los alumnos que van a la escuela en la mañana, tienen que dejar listo su uniforme y los útiles escolares que le toca llevar. Los abogados tienen mucho trabajo que se llevan a su casa en donde estudian y preparan sus casos.

Se trata de actividades que no se realizan propiamente en el espacio del trabajo, pero que son parte del trabajo y hay que dedicarles su tiempo. No puede decirse que sean parte de la procrastinación porque es necesario realizarlas, pero, aun así, podría darse que las utilices para dejar de lado alguna otra actividad que tenga mayor prioridad.

¿Cuánto tiempo le dedicas a estas actividades extralaborales?

Actividades en proceso

Las actividades en proceso son aquellas que sabes que tienes que realizar, pero tienen un tiempo de vencimiento. Por ejemplo, los pagos que realices serán parte de una actividad en proceso, ya que el recibo de la luz que te llega cada mes tiene que ser pagado cada mes, no antes ni después. Incluso hay acuerdos en los que puedes pagar cosas anualmente, pero quedará en proceso el pago del siguiente año.

Los contratos también son actividades en proceso. Si debes contratar a alguien tienes cierto tiempo para hacerlo, tiempo en el que deberás delegar las actividades de esa persona a otros trabajadores.

Si estás realizando una maestría, doctorado o terminando la licenciatura, tu tesis es un trabajo en proceso que tendrá una duración larga, pero específica.

Actividades a largo plazo

¿Tienes una empresa y estás pensando en reestructurarla? Bien, pues primero tienes que realizar la planeación, los estudios de impacto, consultar a tus trabajadores respecto al cambio, comprar las mejoras que necesitas, capacitar al personal para las nuevas formas de conducirse y, finalmente, concluir la reestructuración. No es algo sencillo ni se puede hacer rápidamente a menos que te arriesgues a caer en un sinfín de problemas que pudiste haber sorteado de haber realizado estudios de impacto. He aquí una actividad a largo plazo que podría ocupar grandes espacios de tu vida durante el tiempo que dure.

La idea de innovar en el negocio que manejas tampoco puede tener una temporalidad cerrada, sino que es un eterno actualizarse en tu rubro, así que no puedes hacerlo de un día para otro.

¿En qué gastas tu tiempo cada semana?

¿Tienes idea de la respuesta? Si contestaste que no, bienvenido, eres parte de la mayoría de los seres humanos que no tienen ni la más mínima idea.

Aquí hay varias cosas que tener en cuenta. Por ejemplo, a la semana las personas trabajamos un promedio de 48 horas, 50 si agregamos que algo de ese trabajo se va con nosotros a casa. Entonces, si descuentas solo 48 de las 168 horas que hay en una semana, te quedan aún 120. Si a esas 120 horas le quitamos las ocho horas diarias de sueño que todos necesitamos para tener un buen descanso, aún nos quedan 64 horas para realizar nuestros proyectos, adelantar tareas y ver un par de películas. Y seguramente después de esto todavía tendríamos algunas horas extras. ¿Qué es lo que hacemos con el tiempo, entonces, que no nos alcanza para nada?

Recuerda que hay ciertas cosas a las que deberías prestar atención para que el tiempo que tengas sea un tiempo de calidad. Por ejemplo:

1. Tienes que descansar. Para funcionar
    correctamente necesitas recuperar la energía
    que gastas y obtener parte de la que vas a

consumir. Cada persona duerme lo que necesita, pero, en general, deberían ser esas ocho horas las que nos hagan tener un sueño reparador, desconectado totalmente de las actividades que debemos hacer cuando despertemos. Un sueño que nos relaje y nos permita realizar mejores planes y tomar mejores decisiones al despertar. El dormir bien nos permite ver las cosas desde otros lugares, tener perspectiva y generar ideas nuevas.

2. Come bien. La comida es nuestra gasolina, sin ella no podemos funcionar y, aunque lo sabemos, no hacemos conciencia de la importancia de una buena alimentación. Comemos lo que sea entre descansos y mordisqueamos algún chocolate frente a la computadora cuando deberíamos tomarnos el tiempo y el espacio para buscar una buena alimentación, que nos de las proteínas que necesitamos y evite carbohidratos de más. Una buena alimentación mejora tu capacidad de memoria y te mantiene despierto y listo.

3. Hay que hacer pausa en nuestro trabajo. Cada hora tienes que detenerte entre cinco y diez minutos, levantarte de la silla, estirarte, dejar que tu mente respire. Aprovecha el tiempo para tomarte un café, hacerte un té, realizar algún ejercicio que te servirá para combatir el estrés y hacer que la sangre circule. Si trabajas sin hacer pausas durante más de una hora seguida, tu capacidad de concentración disminuirá, por lo que es necesario respirar de vez en cuando.

4. Organiza tus actividades. Ya hablamos en

capítulos pasados sobre las listas de tareas, es muy necesario que un procrastinador las tenga en orden para poder organizar su tiempo, priorizar sus actividades y saber hasta dónde es imperativo llegar. Hay que diferenciar entre lo urgente y lo importante para tener claras nuestras prioridades. Las listas siempre serán interminables, pero acomodar nuestras actividades nos dará grandes respiros conforme se vayan terminando.

5. Si eres jefe de trabajo o de equipo, debes saber cómo o a quién delegar. Ya vimos que querer hacerlo todo es más sobre el miedo a perder el control que por no hacerlo bien, por lo que es necesario confiar en los compañeros y la gente que nos rodea, de esa manera las cosas fluirán más efectivamente que si cargamos con todo.

6. Identifica las actividades que te quitan mucho tiempo. De esto se trata este capítulo. ¿Has identificado algunas? Es cuestión de prestar atención y tomar en cuenta las cosas importantes.

Si después de hacer un recorrido por el capítulo en curso aún te quedan dudas de a dónde se va tu tiempo, te recomiendo que llenes la siguiente tabla y entiendas que la procrastinación es dejar de lado algo importante, pero no flojear o dejar de estar ocupado.

ACTIVIDADES					
DE OCIO	ENTRETENIMIENTO	EXTRA LABORALES	PERSONALES	EN PROCESO	A LARGO PLAZO

¿EN QUÉ GASTAS TU TIEMPO CADA SEMANA?

ACTIVIDAD	HORAS	ACTIVIDAD	HORAS	ACTIVIDAD	HORAS	ACTIVIDAD	HORAS	ACTIVIDAD	HORAS	ACTIVIDAD	HORAS

OCHO
EL SECRETO DE HACER MENOS, NO MÁS

Para este momento ya debes tener en claro todas aquellas actividades que te quitan tiempo de productividad, por lo que ahora es conveniente que observes que hacer menos y enfocarse en una cosa cada vez, puede hacerte una persona mucho más productiva.

En este capítulo podrás acercarte a las ideas falsas que se tienen sobre la productividad y al por qué debes hacer caso omiso de ellas. Además, una de esas mentiras que sigue siendo muy utilizada en los ambientes laborales es la capacidad del *multitask*, o centrarse en varias tareas al mismo tiempo, cosa que es completamente falsa, como pronto averiguarás.

Además, te haré algunas recomendaciones sobre cómo acortar el tiempo que usas con tus actividades personales y sobre cómo descansar bien si es que tienes problemas de sueño. Incluso recalcaré lo importante que es apegarte a tu horario para evitar al intrusivo procrastinador interior, y cómo alejar los distractores y obsesionarte con tus proyectos es lo mejor que puedes hacer.

· · ·

No escuches sus ideas de productividad

Como ya hemos leído en **capítulos anteriores**, hay quienes dicen que un poco de estrés les viene bien para encauzarse, que trabajar bajo presión los hace mejores, cosa que ha sido puesta en duda por diversos especialistas (como psicólogos, fisiólogos y cardiólogos). Otra cosa que ha sido desmentida por expertos (de nuevo psicólogos, psiquiatras y diversos médicos) es que cuanto más trabajes, más productivo serás.

Esta última afirmación provoca todo lo contrario a la supuesta productividad. Te cohíbe, te estresa, te desanima y por ello avanzas cada vez más lento. Para ganar en productividad lo cierto es que hay que perder en tiempo. Hay que hacer las cosas estando relajados, con una buena salud para que todo salga bien y con una buena calidad. Hay que evadir eso de ser perfeccionistas, porque enredarse en las minucias solo te lleva a quedarte estancado, pero sí hay que hacer lo mejor que podamos de la mejor manera que podamos.

Además, hay que huir de quienes quieren que nos convirtamos en máquinas de hacer algo en específico, porque esas personas no tienen idea de que una persona que se siente bien consigo mismo y que tiene la motivación adecuada, es capaz de hacer cosas increíbles. De hecho, muchos de los grandes inventos de este mundo descansan en los hombros de aquellos que se atrevieron a hacerlo a su manera y tuvieron el tiempo y la fortuna de poder estar bien para hacerlo.

Por ejemplo, el mago de Menlo Park, Thomas Alva Edison, siempre contó con los apoyos de sus patrocinadores, quienes le permitían trabajar a su manera, claro, teniendo en cuenta que esperaban resultados importantes en no mucho tiempo. El trabajar a tu manera es bueno, siempre y cuando no te estés provocando algún padecimiento. Si parte de "tu manera" es cargarte de estrés, entonces deberías pensar seriamente en un cambio.

Hay una frase que dice: "El cambio no duele, duele el no querer cambiar". Para esto solo puedo decir que todo ser vivo está en constante cambio, que solo en lo que carece de vida se encuentra la inacción, así que sería mejor pensar en cambiar y vivir más y con una mejor calidad, que dar la vida por algo que, a fin de cuentas, tú no te vas a llevar a ningún lado.

Está comprobado que las personas que tienen una buena motivación, un nivel bajo de estrés y trabajan máximo unas cinco horas al día, pueden ser mucho más productivas que alguien que lleva tiempo sin dormir y está sumido en la desesperación por terminar cinco tareas pendientes que se le juntaron por procrastinar de más. Si el trabajador gana, todos ganan.

Uno de los grandes problemas se produce también cuando se trata de trabajos en equipo. Ya vimos los ejemplos de las personas que no saben delegar o las personas que ansían el control total. Por ejemplo, es muy interesante que los equipos de trabajo con más de seis personas comienzan a decaer en productividad. El número perfecto para un equipo de trabajo es cuatro, aunque depende de la empresa y su rubro. Además, si en el grupo hay alguien molesto o enfermo, suele contagiar su ánimo a los demás. Es por ello que entre mejor lleguen al trabajo, mejor resultará todo.

Ahora sabes la verdad detrás de esas frases que todos mencionan acerca de la productividad y por qué no nos debe de importar ni un poco enfrascarnos en ello, sino realizar un buen trabajo a un buen ritmo.

· · ·

No cometas el error del *multitask*

Imagínate a Dora, una excelente secretaria que está haciendo el café y respondiendo la llamada de un cobrador, mientras sigue al teléfono sirve la taza (derrama un poco en el camino) y la lleva al escritorio de su jefe, que está a punto de llegar. Se sienta de nuevo en su pequeño escritorio y comienza a revisar su correo electrónico mientras intenta poner atención al interlocutor. Uno de esos correos tiene un enlace a Facebook, lo que hace que abra otra ventana. En ese momento el cobrador le pregunta un dato y Dora le solicita un momento mientras abre una ventana más.

Media hora más tarde, Dora tiene 12 ventanas abiertas en su navegador, la taza de café que sirvió para ella ha dejado una mancha en donde se cayó y ha debido decirle al cobrador que lo llamará más tarde, en cuanto tenga la información requerida. ¿Qué pasó con ella?

Podríamos irnos por la vía fácil y rápida y decir que la secretaria es descuidada, lo que sería verdad hasta cierto punto, pero no, el problema de Dora se presenta porque ella se describe como una maravillosa persona *multitask*.

En nuestro mundo de hoy, la gente se cree con valor agregado por hacer varias cosas al mismo tiempo, pero el ser *multitask* es nada más que un enorme fraude. Simplemente no estamos hechos para realizar varias cosas al mismo tiempo, sino que, al reducir la atención de cada acción, reducimos también la calidad del trabajo.

Aunque es cierto que se pueden atender varios asuntos al mismo tiempo, la calidad del resultado nunca es la óptima. Por ejemplo, hay una necesidad exagerada de responder con velocidad infinita los correos electrónicos, y por ello se pierde el ofrecer un contenido personalizado, ya que las respuestas son programadas de antemano y no ofrecen al cliente la calidez de una respuesta de persona a persona, lo que hace que el interés descienda.

La velocidad junto con la atención dispersa son una mala combinación en cualquier ambiente laboral. Pese a esta conclusión clara y lógica, en las zonas de trabajo se sigue pensando que quien desempeña muchas cosas a la vez es el más productivo, cuando esto es una enorme falacia. Estudios neurológicos que se pueden encontrar en revistas como la afamada *Science*, nos revelan que el cerebro humano no es capaz de prestar atención a varias tareas, sino que se concentra en una sola, pero como suele realizar el cambio con toda rapidez, puedes creer que estás haciendo varias cosas a la vez y con el mismo nivel de concentración.

Así que no somos *multitask*, sino que tenemos la capacidad de cambiar de objetivo rápidamente, pero perdiendo en el cambio.

Cuando nos enfocamos en una tarea en específico, todos nuestros sentidos se enfocan con nosotros y no solo se concluye con un gran resultado, sino que se concluye con mayor velocidad que si interrumpimos la concentración con llamadas, con visitas a las redes sociales, un juego de Candy Crush o una ojeada al chat del grupo.

Lo que se recomienda es que, si se tienen muchos pendientes y hay que sacarlos en relativamente el mismo tiempo, hay que apartar unos veinte o treinta minutos para dedicar a cada uno de ellos, centrándonos totalmente en dicha tarea. Después tomar un descanso de cinco a diez minutos y hacer otra media hora con otro de los pendientes. De esa manera tendrás un menor desgaste y avanzarás más rápido de lo que crees.

· · ·

Evita las actividades personales

Seguramente para este momento ya habrás realizado el ejercicio de ver en qué gastas tu tiempo y, si eres parte del mayor porcentaje de personas en el mundo, te has dado cuenta de que en lo que más gastas tu tiempo es en realizar las tareas de casa o que tienen que ver con tu cuidado personal. Bueno, si en verdad entras en esta categoría, es momento de buscar cómo eliminar estas actividades de la ecuación, o al menos la mayoría de ellas.

Si eres una persona soltera de la que no depende nadie, deberías pensar en comer por fuera de casa, una de las cosas que más se lleva tiempo es el lavar trastes, además que, dependiendo de tu forma de vida, es algo que debes hacer diario, por lo que no quita importantes horas productivas y te da una excusa para procrastinar.

Otro de los momentos más tardados es el de acomodar cosas, ya sea lo que recién lavaste, la ropa limpia o tus zapatos. El acomodar cosas nos toma tanto tiempo por el hecho de que somos desorganizados y no ponemos todo en su lugar desde el principio, lo que hace que todo se vaya acumulando y luego se necesite más tiempo. Coloca las cosas en su lugar y ahórrate ese tiempo.

¿Tienes mascotas? Seguro que no pensaste que ese gatito precioso que te hizo ojos en la calle iba a dejar tantos pelos por todos lados, sin contar con que tienes que limpiar diariamente su arenero. Definitivamente los gatos son mascotas muy independientes, pero eso no quita que tengan sus bemoles. Cepíllalo diariamente para evitar que deje tanto pelo en tus muebles y hazte el hábito de limpiar su arenero a una hora específica. Esto definitivamente te ayudará a no perder tanto tiempo.

Si sueles trabajar en tu cuarto, ten en cuenta que es mejor que tu cama esté bien arreglada. Si tu habitación está patas arriba, tu atención se irá rápidamente con cada detalle desagradable que vea. Lo mejor es que tu habitación esté arreglada para que puedas centrarte en tu actividad. Sí, es un gasto de tiempo, pero a la larga te será de ayuda, puesto que no perderás la concentración y podrás terminar pronto con ese trabajo que tanto te cuesta.

Barrer la casa a diario es lo ideal, pero lo cierto es que poca gente tiene el tiempo y las ganas de hacerlo. Si de todas maneras lo vas a hacer, intenta que sea rápido y diario, de esa manera no tendrás mucho polvo que levantar y podrás hacerlo velozmente. La aspiradora es otra buena opción para salvar el tiempo.

En caso de que tengas la oportunidad, piensa seriamente en contratar a una empleada del hogar, ella seguramente te ahorrará todas estas penurias por una paga digna. Piénsalo de esta manera: el dinero que gastes lo ahorrarás en tiempo y si superas la procrastinación, podrás compensarlo con tiempo productivo y ganancias.

Si eres padre o madre de familia, una empleada del hogar sería una enorme ayuda, ya que las tareas personales se multiplican por el número de integrantes en la familia. No es lo mismo limpiar el desorden de una persona que el de cuatro.

Busca la manera de deshacerte de las tareas personales y tendrás la vía libre para iniciar nuevos proyectos.

Duerme bien y despierta bien

Se dice que uno de cada tres adultos tiene problemas para dormir. Si vives con tus padres y duermes como un bebé, quizá deberías prestarles este libro y mostrarles este capítulo.

Según la página de los National Institutes of Health

(NIH, 2013), con sede en Maryland, la pérdida de sueño daña los niveles superiores de razonamiento, resolución de problemas y atención a los detalles. Las personas que están cansadas tienden a ser menos productivas en el trabajo. Tienen más posibilidades de sufrir accidentes de tránsito. La falta de sueño también influye sobre el humor, que puede afectar la manera en que uno interactúa con otros. El déficit de sueño, con el paso del tiempo, incluso puede incrementar el riesgo de sufrir depresión. La investigación demuestra que la falta de sueño aumenta el riesgo de padecer obesidad, enfermedades del corazón e infecciones. Durante la noche, la frecuencia cardíaca, la frecuencia de respiración y la presión arterial suben y bajan, un proceso que puede ser importante para la salud cardiovascular. Mientras duerme, el cuerpo libera hormonas que ayudan a reparar las células y a controlar el uso de la energía que hace el cuerpo. Estos cambios hormonales pueden afectar su peso corporal.

Es así que, si se te dificulta la resolución de problemas y la toma de decisiones, si eres de los que se quedan dormidos a mitad de la película, si te está llevando más tiempo de lo que suponía el terminar tus actividades y tienes problemas para controlar tus emociones y recordar cumpleaños, probablemente estás durmiendo mal y no lo tienes muy en cuenta.

Si crees que estás teniendo problemas para dormir, he aquí algunos consejos:

- Apégate a un horario.

Sí, sé que ya suena redundante que diga esto en el libro, pero es que crear un hábito saludable de sueño es lo primordial para evadir los problemas. Si mantienes un mismo horario en todo momento, tu cuerpo sabrá cuándo dormir y cuándo despertarse, regulando tu sueño sin necesidad de tomar píldoras o alguna otra cosa.

- Haz ejercicio.

Sí, el consejo más viejo y repetido del mundo, pero también el más funcional. Si inicias tu día con una tanda de ejercicio, tu sueño puede volverse más profundo, solo no te malpases con el ejercicio, mucho menos si no estás acostumbrado a él.

- No tomes alcohol ni café.

Si estás teniendo problemas para descansar bien, te recomiendo que dejes un tiempo el alcohol y el café, ya que la cafeína puede permanecer en tu sistema hasta 24 horas y es un estimulante que no te ayudará en absoluto. Mientras tanto, el alcohol genera somnolencia, sí, pero produce un sueño fragmentado y de mala calidad que, en el mejor de los casos, te hará sentir cansado en cuanto te levantes.

- No tomes siestas en la tarde.

Me explico, si vas a tomar una siesta que sea antes de las seis de la tarde y que no dure más de veinte minutos, de esta manera no descansarás tanto para que se te quite el sueño, pero sí lo suficiente para estar alerta en el tiempo que falta para la hora de dormir.

- No cenes pesado.

Un plato de cereal o un pan con leche podría ser la cena ideal; incluso una ensalada. Si cenas pesado se te quitará el sueño o, por la pesadez de la comida, te sentirás adormecido, pero te levantarás pronto con dolor de estómago o tras experimentar alguna de esas terribles pesadillas.

- Un baño caliente no hace daño.

El agua caliente relaja y distiende los músculos. Si tomas uno antes de acostarte estarás en la disposición física y mental correctas para descansar a gusto.

- Apaga todas las luces. TODAS.

Sí, incluso ese puntito rojo que parpadea en tu celular puede ser el causante de una mala noche. La luz artificial o el ruido lo que hacen es que tu cerebro se ponga alerta o, peor, piense que es de día, por lo que tendrás un mal sueño. Mejor apaga todas las luces, desconecta todos los aparatos y apaga el display del aire acondicionado, y prepárate a disfrutar de ese sueño reparador que tanta falta te hace.

Apégate a tu horario

Incluso cuando haces *home office* o trabajas como *freelancer*, es muy importante mantener horarios laborales fijos para establecer una rutina funcional. Ya hemos hablado en este libro de la importancia de apegarnos a nuestros horarios. Aquí te comparto algunas de las cosas que ya has leído al respecto para refrescar la memoria:

Cíñete a tu horario para crear hábitos.

Ponte recordatorios para seguir al pie de la letra tu horario de trabajo.

Recuerda seguir tus horarios tanto para trabajar como para descansar, puesto que el problema de una persona consistente es trabajar de más y no de menos.

Debes tener horarios fijos para no permitir la procrastinación.

Date un horario diario de descanso y no lo rompas, y toma un día de la semana (normalmente suelen ser sábado o domingo) para descansar totalmente de cosas que tengan que ver con tu "trabajo formal". El descanso es necesario para que tu mente y cuerpo estén preparados para llevarte aún más lejos, no lo olvides.

Debemos acostumbrar a nuestra clientela que las llamadas solo se responden en horarios de oficina y apegarnos a nuestra regla, lo mismo ocurre con correos electrónicos o mensajería instantánea. No debes seguir trabajando porque tienes tiempo, hay que lograr que tu tiempo de entretenimiento, familiar y personal pueda complementar al laboral, por lo que es muy importante que revises bien el **capítulo anterior**, para que encuentres cómo acomodar tus tiempos. Este balance es un factor clave para que puedas ser productivo, ya que te garantiza una buena salud mental y un buen estado de ánimo.

Asimismo, el apegarte a tu horario deja fuera el tiempo de procrastinación, ya que te obliga a llegar a ciertos objetivos en el tiempo designado. Entre más te aferres a él, más subirá el nivel de una buena productividad, positiva, alejada de los mitos que ya se han mencionado al principio de este capítulo.

En tu horario, además de lo que tienes que hacer, debe ir estipulado un tiempo de descanso después de cada hora de trabajo. No confíes nada a tu memoria, todo debe ir en el horario general. Además de llevar ese horario, no olvides tu lista de tareas, que es importante porque con ella podrás ver con facilidad qué es lo que necesita realizarse primero. Si te quedan dudas sobre la lista, siempre puedes volver al **capítulo seis** y revisar el apartado al respecto.

Cuando cierres tu día, recuerda planear enseguida el siguiente, de esta manera no tendrás tiempo para procrastinar y después, antes de dormir, puedes dar rienda suelta a lo que quieras, incluido el no hacer nada.

Aunque es bueno dejar espacio para lo imprevisto, una rutina estricta te ayudará a aprovechar mejor tu tiempo, a evadir al procrastinador que hay dentro de ti y a seguir creciendo y volviéndote la mejor persona que puedas. No olvides que las rutinas son básicas tanto dentro como fuera del área laboral.

Aléjate de las distracciones

María llega a su salón y se toma una selfie para actualizar sus redes y hacerle saber al mundo que ha llegado a la escuela. Un rato después, en clase de matemáticas, actualiza su estatus en Facebook y revisa su Twitter.

Diez minutos después el profesor comienza a calificar los ejercicios, pero María, que no los ha terminado, se da por vencida y se pone sus audífonos para escuchar un video de su youtuber favorito en su celular. Gracias al caos que supone un salón de clases lleno de adolescentes, los profesores no se dan abasto y nadie descubre que María está sentada pero en realidad se encuentra a muchos kilómetros de distancia, visitando unas antiguas catacumbas europeas que ahora funcionan como club nocturno.

Cuando por fin termina la clase de matemáticas, María se propone poner atención a la clase, pero su celular vibra, tiene nuevos mensajes en su WhatsApp que no puede contenerse en revisar. Se trata de un problema entre su mejor amiga y el novio de ésta, así que es algo de vida o muerte que no puede retrasarse.

Al final del día escolar, María apenas si ha hecho caso a las clases y ha pasado su día acompañada de su celular. ¿Qué hubiera pasado si la joven adolescente no tuviera ese distractor en las manos? ¿Podría entender las lecciones y subir su calificación? El hubiera no existe y jamás lo sabremos, pero alejar a los jóvenes de las distracciones durante las clases es imperativo, es por ello que se prohíben los celulares en la mayoría de las aulas. Sin embargo, estos sí se permiten en otro tipo de área laboral o de estudio. ¿Por qué? ¿Qué nos hace creer que hemos madurado desde nuestros días de escuela? Lo cierto es que los distractores funcionan para todos a diferentes niveles.

Existen dos tipos de distractores:

- Los internos, que tienen que ver con la persona misma, por ejemplo, un problema familiar o económico, conflictos con los padres, una discusión con la pareja o cualquier asunto personal que no se haya resuelto y, por tanto, cause ansiedad, estrés, cansancio y falta de interés por su trabajo. Las enfermedades también cabrían aquí por el dolor físico que generan y la distracción que suponen, pero no se toman en cuenta porque la salud es mucho más importante que el trabajo, aunque muchos no quieran verlo así.

- Y los externos, que son distractores que provienen de estímulos externos, por ejemplo, el ruido ambiental, la iluminación escasa o en demasía, la postura, la charla con los amigos, la familia preguntando todo lo que se le ocurre cuando estás en mitad de la escritura de tu libro, la televisión, las redes sociales y los dispositivos móviles. Estos dos últimos son lo que hacen que María no ponga atención a esas clases que le parecen tan aburridas.

Jonathan Long, en su artículo de la revista *Entrepreneur* (2020), nos dice que hay al menos ocho distracciones comunes que acaban con la productividad:

1. Redes sociales.
2. Celulares.
3. Ambientes caóticos.
4. Síndrome de revisar el correo electrónico.
5. Búsquedas en Internet.
6. Tomar citas no programadas.
7. Tomar descansos para fumar.
8. Visitas inesperadas en tu lugar de trabajo.

Obsesiónate con tu proyecto

La clave es estar dispuesto a llevar tu proyecto o tarea hasta las últimas consecuencias. Es decir, intentar que se logre de la mejor manera posible. Dar marcha atrás podría servir en algún momento para observar todo desde otra perspectiva, pero solo se debe hacer para reemprender el camino corrigiendo quizá el rumbo, nunca para ir hacia atrás, nunca para dar la vuelta. Tienes que hacer que eso en lo que estás enfrascado te mantenga inquieto, buscando su culminación.

Debes obsesionarte sanamente con cada proyecto emprendido, así podrás apuntalar tu camino y pasar por él sin tantos tropiezos. Esa obsesión es la que te empujará hacia adelante en cada ocasión y no te permitirá abandonar la contienda. Claro que es necesario trazar un horario y establecer una rutina que te permita llegar a tu meta al cumplir varios objetivos, pero es necesario que te obsesiones un poco para que no dejes el asunto en paz.

Sin embargo, y es una advertencia, la obsesión debe ser

pequeña, como cuando se habla de que tiene que haber una sana competencia. Es decir, la obsesión debe llegar a cierto nivel en el que no nos incomode o interfiera con nuestra vida, pero debe ser suficiente como para que no deje que nos rindamos a la procrastinación cuando aparezcan las primeras tensiones en el aire.

Algo importante que debes saber es que cumplir con tus metas no tiene que ser un sacrificio, pues con constancia, disciplina y una pizca de obsesión, se puede llegar a buen fin. Obsesionarte con moderación parece una enorme y rara contradicción, pero es lo justo que se necesita para lograr cerrar actividades a una buena velocidad.

Recuerda, obsesiónate con las cosas que quieres conseguir y no con las excusas para no hacerlas.

NUEVE

LA ACCIÓN CAUSA Y EFECTO DE LA MOTIVACIÓN

Tener una razón para hacer las cosas y un objetivo es lo importante para ayudarte a continuar sin caer en los pensamientos procrastinadores. Si llegas a dar un paso en falso, recuerda que siempre puedes escribir ese pensamiento en tu lista de procrastinación y dejarla para más tarde, dándole la vuelta a esa problemática idea.

En este capítulo podrás comprender la importancia de la motivación, cómo se relaciona con la inspiración y de qué manera nos permite accionar para alcanzar nuestras metas. El cómo acercarnos tanto a la motivación como a la inspiración también viene descrito en las páginas siguientes. Además, encontrarás la ecuación de la motivación, así como una descripción del ciclo motivacional en el que pronto desearás entrar.

Es muy interesante observar cómo las personas se comprometen con algo solo cuando tienen una motivación para ello, y la acción solamente ocurrirá si la persona se siente motivada a realizarla. Además, encontrarás una breve explicación de cómo tus acciones pueden desatar otras reacciones, motivando a acciones futuras. Y comprenderás que el simple hecho de "hacer algo" ya es una ganancia contra el aplazamiento que supone la procrastinación.

Aunado esto, te presentamos el peligro de padecer del *burnout*, pues es un cansancio tan profundo, mental y físico, que puede ocasionarte muchos problemas. Por último, recorreremos un par de técnicas para dejar de procrastinar, seguramente te darás cuenta de que éstas siguen el mismo patrón que hemos ido viendo a lo largo del libro

¿Motivación? ¿Qué es eso?

La motivación es un tema del que se suele hablar en gran medida cuando de realizar una labor se trata. En este mismo libro debes haberla leído más de una vez, pero, ¿qué es la motivación?

El diccionario de la Real Academia de la Lengua Española muestra tres definiciones de motivación:

1. Acción y efecto de motivar.
2. Causa de algo.
3. Conjunto de factores internos o externos que determinan en parte las acciones de una persona.

Aunque todas las definiciones tienen un hilo conductor, centrémonos en la tercera, en donde son factores internos o externos los que llevan a que una persona actúe, haga, accione.

Algunos otros diccionarios definen esta palabra como "un componente psicológico que orienta, mantiene y determina la conducta de una persona".

Hay diferentes tipos de motivación que se pueden manifestar, tales como:

- La motivación personal, que viene determinada por diferentes necesidades y está fuertemente influida por la satisfacción al llevar a cabo una tarea determinada o conseguir un objetivo en específico. Aunque también por ciertos incentivos al tener alguna conducta o no tenerla.
- La motivación laboral, que es la que se relaciona directamente con el trabajo. Esta motivación puede estar dada por incentivos como el pago de servicios, las vacaciones, el estatus social y la sensación de haber concluido una tarea.
- La motivación deportiva. Claramente, esta motivación prevalece en el mundo del deporte de alto nivel. Es provocada por el ansia de superación, la competitividad y la recompensa al conseguir algún premio o el reconocimiento del gremio.

En cuanto a la psicología, ésta desarrolla dos tipos de motivación:

- Intrínseca: Cuando se realiza algo por el propio placer de hacerlo. Como no está sujeta a factores externos, es más difícil eliminarla y tiene que ver con la satisfacción personal y la autoestima. Por ejemplo, en contraposición con la motivación deportiva, la motivación intrínseca puede hacer que la gente que disfruta correr lo haga sin necesidad de ningún otro estímulo.

- Extrínseca: Los estímulos que mueven a la persona vienen de diversos lugares y no de la tarea en sí, por lo que suele ser un refuerzo para lograr que la persona actúe. En este ejemplo entran todos los estímulos sobre preseas y reconocimiento de los que se hablaron en la parte de motivación deportiva.

Además de la motivación, otro concepto que debe explorarse es el de inspiración. Volvamos al diccionario, que consigna cuatro definiciones:

1. Acción o efecto de inspirar o inspirarse.
2. Ilustración o movimiento sobrenatural que Dios comunica a la criatura.
3. Estímulo que anima la labor creadora en el arte o la ciencia.
4. Cosa inspirada.

En este caso nos valdría centrarnos en la tercera definición, que expone al estímulo que anima o provoca la creación. Está firmemente vinculada al estímulo espontáneo que tiene una persona para que surja una idea que, posteriormente, lleve a cabo. No tiene dentro de sí algún esfuerzo o voluntad, así que no tiene que ver con las habilidades que se tengan. Es algo que se califica casi de divino.

Fuera de la idea de espontaneidad que conlleva esta palabra, las personas pueden contribuir a que aparezca, durmiendo bien, meditando o preparando un determinado lugar para que el ambiente fomente esa inspiración, ya sea con velas, música de ambientación, aromas específicos y tranquilidad. Aunque cada quien tiene sus métodos de buscar la inspiración. Algunos solo necesitan silencio y una buena taza de café.

La motivación te da una razón para hacer las cosas, la inspiración, un propósito. La primera es un estímulo externo o que se encuentra en la acción misma, la segunda viene del interior de la persona.

Al final, podemos establecer una suerte de ecuación de la motivación que nos lleva a encaminar nuestras acciones hacia la consecución de nuestras metas. Dicha ecuación quedaría de la siguiente manera:

Inspiración + Motivación = Acción - Procrastinación

Esta fórmula, en realidad, sienta las bases para el ciclo de la motivación, que maneja las seis etapas que se muestran a continuación:

- Equilibrio, que es el momento en que la persona se encuentra en un balance interno.

- Estímulo o incentivo, que es el que genera una necesidad, es decir, si el estímulo es el recibir una remuneración, la necesidad es realizar el trabajo para recibirla.
- Necesidad, provocada por el estímulo, al estar apenas en progreso, provoca la tensión.
- Tensión. Ésta provoca un desequilibrio y, cuando no se satisface la necesidad en un tiempo razonable, puede manifestarse en forma de conductas ilógicas, agresividad, ansiedad, estrés, apatía o el desinterés que lleve a la procrastinación.
- Acción. Es el hacer, el accionar con la vista fija en el resultado ante la necesidad presentada.
- Satisfacción, se trata del momento en que esa necesidad es solventada y el estímulo que trae consigo nos provoca un sentimiento de victoria. Toda satisfacción libera tensión, por lo que nos hace volver a ese momento de equilibrio.

Cuando las necesidades no son satisfechas, se produce la frustración y es difícil salir de ella, pero con esfuerzo y meditación, se puede volver al momento de perfecto balance para que el ciclo vuelva a iniciarse.

Al margen del ciclo motivacional, es importante mencionar que el hacer algo, el simple acto de hacer, ya es una ganancia contra la inmovilidad que supone la procrastinación, que puede parecer llena de acciones, pero no avanza en la cuestión importante, que es la que se está dejando de lado. Con el simple hecho de accionar podemos internarnos en el ciclo de la motivación y llenarnos de satisfacciones y triunfos, lo importante es no dejar de hacer.

Incluso una acción sencilla, cómo prepararte el café que tanto te gusta, puede llevar a la inspiración y, si tu necesidad era tener una taza humeante entre tus manos, la satisfacción que conllevará el conseguirla te enviará directo al balance que tanto necesitas, y todo eso solamente por hacer algo.

Ante todo, evita el *burnout*

Si tu trabajo es algo repetitivo, seguramente te has encontrado harto de hacer lo mismo, si, por otro lado, es un trabajo soso, te sentirás tan aburrido que mirarás el ventilador de techo preguntándote qué pasaría si se cayera. Tranquilo, todos hemos pasado por esos días en los que sentimos que todo ese esfuerzo no vale la pena y que no estás recibiendo la recompensa adecuada para todo lo que haces. Ahora, si esto te está ocurriendo más que de vez en cuando, entonces deberías sentarte a reflexionar si no estarás quemado, o *burnout*. Este es uno de los problemas que más causan infelicidad, además de que, si empeora, puede repercutir directamente en tu salud. Si sientes que puedes estar quemado, sigue leyendo.

El estar quemado se trata de un agobio mental, físico y emocional provocado por las cuotas de estrés que te llenan cuando eres incapaz de rendir lo que los demás dicen que deberías. La frustración es un paso que te lleva hacia allá. Al sentirte tan agobiado y agotado, no puedes sino perder la motivación en tu trabajo y buscar evadirte todo el tiempo mediante los distractores que tengas a la mano.

Estar estresado es casi casi el pan de cada día en las empresas, en parte por las falacias que se exigen para lograr una supuesta productividad, y en parte por las exigencias propias del empleo. Sin embargo, las personas estresadas pueden ver una luz al final del túnel y dirigirse a ella, a donde seguro llegarán en cuanto acaben triunfalmente sus actividades. En cuanto a un quemado, no importa cuántas actividades logre concluir, no dejará de sentirse mal, desesperado y desmotivado. Hay quienes dicen que estar quemado es parte de una depresión clínica.

Ya hemos hablado de que ser perfeccionista no es lo mejor, pero las personas que tienden a revisar cada nimio detalle, son quienes más sufren de *burnout*, ya que se sienten sumamente amilanadas cuando ven que el avance es muy lento y, si aunamos a esto un pensamiento negativo o pesimista, la persona probablemente caerá en depresión, pues seguido se sentirá frustrada por tener que entregar cosas que ven como imperfectas.

Síntomas del *burnout*:

- Cansancio físico y emocional.
- Cinismo y desapego.
- Sentimientos de culpa y frustración.
- Falta de realización personal.

Los síntomas del quemado no aparecen de la nada, normalmente llevan una gestación larga que a veces se confunde con un poco de estrés. Por ejemplo, el cansancio físico y emocional se ve reflejado en todas esas veces que el quemado sufrió de fatigas, insomnio, falta de concentración, pérdida de apetito, desesperación e ira. No son cosas que aparecieron todas juntas, sino hasta que explotó todo.

El cinismo y desapego puedes verlos crecer en alguien apático, que se aísla, es pesimista y no parece disfrutar de nada, además de que puede llevar hasta el límite esa desconexión con los demás y con su entorno.

Aprender cuáles son las señales que te llevan a

quemarte es algo muy importante, pues puede prevenir que te sientas de esa manera. Además, igual que la depresión, el *burnout* baja tus defensas y te deja vulnerable frente a distintas enfermedades.

Hay diferentes maneras de evitar y prevenir este estado, una de ellas es la de las tres R:

1. Reconocer las señales de lo que estamos viviendo.
2. Revertir el daño cuidándonos y tomando acciones contra el estrés que sentimos.
3. Resiliencia, que es la capacidad que tenemos para fortalecernos después de una situación adversa, y tiene que ver con seguirnos cuidando y haciéndonos fuertes a nosotros mismos para no volver a caer en esta situación.

No existe una sola forma de salir del *burnout*, pero aquí hay algunas ideas:

- Respira. En el capítulo seis puedes encontrar las formas convenientes de hacerlo. No lo veas como algo superficial, en ese mismo capítulo puedes repasar los beneficios de simplemente respirar de forma correcta.
- No te juzgues. Puede parecer difícil porque es lo primero en lo que caemos, pero no juzgarnos a nosotros mismos nos proporciona la dignidad que solo nosotros podemos darnos.
- Toma tus días de descanso o tus vacaciones si es posible, incluso si no viajas a ningún lado, te hará bien alejarte de tu lugar de trabajo.
- Realiza actividades que disfrutes.

Probablemente en este momento lo que menos piensas es en divertirte, pero recuerda aquellas cosas que hace no mucho tiempo te hacían feliz y date el tiempo para realizarlas.

- Medita o toma clases de yoga. Ayuda en verdad, no lo tomes como cualquier cosa.
- Ríete, incluso si tienes que obligarte. Reír es una actividad terapéutica que, si estás pasando por esto, te hace mucha falta.
- Aprende a decir que no. Si antes te llenabas de compromisos y eso te complicó la existencia, ahora aprende a ponerte por encima de los demás, sé asertiva y di que no.
- Da y recibe abrazos. No tienes idea del poder de sentirte en los brazos de alguien que te quiere. Tú lo agradecerás y tus amigos y familia también.
- Busca un *hobby*. Si no tienes uno, deberías buscarlo e inscribirte en una clase o en un grupo que tenga ese mismo interés. No tiene importancia de qué trate tu *hobby* si te entretiene positivamente, pero sería bueno que no tenga mucho que ver con tu trabajo formal.

Si nada te está funcionando, busca ayuda con un profesional de la salud mental. No temas, todos deberíamos visitar a un psicólogo o psiquiatra de vez en cuando, así como tenemos que chequear nuestro cuerpo, así tendríamos que hacerlo con nuestra mente; son las mentiras y el halo de misterio alrededor de estas personas lo que nos hace querer alejarnos, pero son doctores especialistas, iguales a cualquier otro.

. . .

Otras técnicas para evitar la procrastinación

Berto Pena, en su blog, nos da una receta para lograr lo que queremos:

1. Valora lo que ganarás al concluir tu tarea.
2. Ten presente que retrasar las cosas es la peor decisión que puedes tomar.
3. Si es una tarea grande, desglósala en partes más pequeñas.
4. Tómalo como un reto, esa tarea no va a poder contigo.
5. Olvida el autoengaño, en realidad no funciona y todo el tiempo sabes que dejar de hacer esa tarea fue ocasionado por una mentira.
6. Piensa en los demás, sobre todo si se trata de un trabajo en equipo.
7. Suelen ser peores el miedo y la pereza mental que el trabajo en sí.
8. Apégate a un horario de trabajo, si dice que trabajes ahora, hazlo ya.
9. No busques la perfección, si te molestan algunos detalles, cuando termines siempre puedes volver a corregirlos, pero con la ventaja de que, si se te acaba el tiempo, ya tendrás terminada la tarea.
10. Si ordenas tus proyectos en carpetas y tienes una que se llame "Algún día", no te servirá de mucho. Intenta poner fecha a todo, si acaso, estipula que la fecha es tentativa.
11. Piensa que si lo logras serás una mejor persona.
12. Si te dieron algo que no te tocaba realizar, quejarte está por demás, mejor dale el valor que tiene y anótala en tu lista de pendientes.

13. Elimina las distracciones a tu alrededor, recuerda lo que puedes lograr enfocándote totalmente en una sola tarea.

14. Si no sabes por dónde empezar, desglosa la tarea, te será más sencillo dilucidarlo.

15. Aplica la regla de los dos minutos, si hay una tarea que puedes realizar en dos minutos o menos, hazla ahora mismo, por ejemplo, esa llamada para recordarle a tu jefe que tiene junta en veinte minutos.

16. Procrastinar una tarea genera estrés y frustración, piensa que eso pasará si la terminas pronto.

17. Velo por el lado amable, piensa en lo que vas a ganar al terminarla o en lo que se va a decir de ti y aférrate a ese pensamiento.

18. Elimina las otras tareas de tu cabeza mientras estás tratando de terminar una.

19. No dejes que un momento de indecisión destruya tu récord de productividad, continúa.

20. Si tienes un miedo, enfréntalo mediante la acción, porque si te dejas arrastrar por el miedo caerás en la procrastinación.

21. Si necesitas algo que te llene de energía, seguramente tienes una canción favorita que puede lograrlo.

22. Saborea el momento de tu victoria y recuerda que son las pequeñas conquistas diarias las que nos llevan a la perfección.

Mientras tanto, la coach Veronica Fusté, propone un camino de siete pasos para vencer a este terrible enemigo:

1. Empieza sin pensarlo.
2. Sé coherente con tus prioridades.
3. Olvídate del perfeccionismo y del miedo al fracaso.
4. Piensa que si no procrastinas eliminarás el estrés y la ansiedad, por lo que aumentará tu autoestima y confianza.
5. Date premios por cada tarea superada y castígate cada vez que te dejes vencer.
6. Organiza tu agenda y aférrate a ella.
7. Pide ayuda a alguien que te recuerde las consecuencias de postergar si te ve haciéndolo.

Me parece innecesario seguir exponiendo técnicas para vencer la procrastinación porque todas pasan por los puntos que se han ido desglosando a lo largo del libro, sin embargo, presentaré la técnica de Jon Nastor:

1. Dedícate a una cosa por vez.
2. Cíñete a un horario.
3. Terminar es mejor que perfeccionar.
4. Si estás cansado, camina unos minutos y deja de pensar en tu tarea.
5. Trabaja.

Lo ves, las acciones pueden variar, pero la técnica es la misma. Pon especial atención a realizar un buen horario para tu día y no te dejes vencer por el miedo, porque, parafraseando lo dicho en una famosa saga de ciencia ficción:

El miedo conduce a la procrastinación,
la procrastinación conduce a la frustración,
la frustración conduce a la ira y
la ira conduce al lado oscuro.

CONCLUSIÓN

Acabas de terminar un libro que, si lo has leído con detenimiento y seguido sus consejos, logrará no solo sacarte del agujero procrastinador en el que te encontrabas, sino que permitirá que aumentes enormemente tu productividad.

Por ejemplo, es importante recordar que el tiempo es el mismo para todos, sean procrastinadores o no, por lo que se le acabará a todos, habiendo cumplido, o no, con sus tareas.

Un procrastinador aprende a procrastinar, por ejemplo, cuando hacen algo con el tiempo justo y les sale bien, usan eso como excusa para hacer todo lo demás en el último minuto.

Fuera de eso, el autoengaño es uno de los tópicos que más se reconoce en los procrastinadores, saben decirse miles de excusas para justificar su inactividad y su ausencia en cuanto a la toma de decisiones.

Los problemas de salud son parte del costo que tiene que pagar el procrastinador, el estrés constante puede ocasionarle *burnout,* además de que tienden a sufrir del estómago o las vías respiratorias por sus defensas bajas.

Algo más es su tendencia a dormir mal, cosa que

empeora sus problemas de salud y su capacidad de retención.

Dentro del libro

Con este libro has comprendido lo peligroso de la cultura de la procrastinación, pues hay gente que vive de esa manera, paga sus deudas y entrega sus proyectos fuera del tiempo normativo.

Lo peligroso de la conducta procrastinadora saltará a la vista en capítulos como el primero, en donde podemos observar un apartado que se dedica a las consecuencias que acarrea el tener esta actitud hacia la vida. O el segundo capítulo, que está totalmente dedicado a exponer los problemas personales y laborales que se crean por procrastinar.

Aún más importante, en los siguientes capítulos encontrarás diversas formas de evadir esa preocupante procrastinación, en especial en los capítulos cuatro y seis, en donde seguramente te ha sorprendido la cantidad de consejos que hemos conjuntado para ayudarte.

El quinto capítulo es especial, ya que pudiste observar cuáles son las cosas por las que prefieres retrasar la realización de ciertas cosas, y seguro te viste reflejado en más de un ejemplo de los propuestos; al igual que en el séptimo capítulo, en donde tuviste que reconocer todas aquellas actividades en las que pierdes el tiempo que podrías utilizar para terminar esas tareas atrasadas. Mención aparte merece la tabla de actividades que corona el capítulo, con la que podrás al fin poner números al tiempo que pierdes.

Rumbo al final del libro nos encontraremos con certeros consejos que nos despejarán de tareas secundarias para que pongamos atención en lo que verdaderamente importa, evitando ciertas ideas fosilizadas en la creencia popular, pero totalmente falsas, mientras que se enfoca en empujarte hacia adelante con la realización de tus tareas o proyectos.

Por último, el capítulo nueve no solo nos hace apreciar el funcionamiento de la motivación y la inspiración como promotores de la acción, sino también lo contrario, al mostrarnos la ecuación de la motivación, en donde se elimina la procrastinación. Además, se nos previene contra los problemas mentales y físicos que puede ocasionar la procrastinación y el hastío, y se nos presenta una recopilación de técnicas que pueden servirte y que pueden complementar los consejos que has encontrado a lo largo de este texto.

Pensamientos finales

Este libro es de gran ayuda para esclarecer qué es la procrastinación, cuáles son sus causas y cómo puede erradicarse. La procrastinación tiene formas de actuar que pueden ser perfectamente contravenidas con una buena guía.

Más aún, con los estudios realizados para la realización de este libro, se pudieron identificar diversas razones del quehacer procrastinal, por lo que se pueden concertar en una suerte de clasificación en donde puede predominar el ansia de perfeccionamiento, la imaginación desbordada, la necesidad de sentirse ocupado, la presión excesiva y el miedo que se extiende sobre todas las otras razones.

Ahora, gracias a nuestro primer capítulo, entendemos perfectamente que los seres humanos tienden a la procrastinación. Se trata de un elemento natural que, al enfrentarse a dos partes del cerebro, tiende a buscar la evasión y la satisfacción inmediata. Todos los seres humanos, por tanto, hemos caído en la procrastinación alguna vez. El problema empieza cuando esta actitud se vuelve crónica.

Y aunque la biología tiene mucho que ver con nuestra

forma de adaptarnos al mundo, lo cierto es que la sociedad de hoy en día ha recrudecido el problema al imponernos tiempos de entregas que son descabellados, por decir lo menos. El mundo se ha vuelto tan vertiginoso que pareciera que busca convertirnos en máquinas perfectas de hacer cosas específicas. En robots que no sientan, sin darse cuenta de que nuestros sentimientos y sensaciones son los que logran hacer realidad un sinfín de obras maestras en cada rubro de la vida.

Otro pensamiento que llega una vez terminada la escritura, es la facilidad con que encontramos elementos para evadirnos, gracias a la tecnología que pulula por doquier. Los dispositivos móviles como celulares o tabletas nos facilitan la entrada a las redes sociales, que acaban siendo un agujero negro que se traga todo nuestro tiempo y no parece dejarlo ir. Por otro lado, los juegos repetitivos típicos de los celulares permiten que, al realizar un movimiento mecánico una y otra vez, las personas puedan perder el tiempo sin pensar en nada, ni siquiera en lo que están haciendo en ese momento.

La cantidad de distractores es algo que debemos tener en cuenta, en especial si eres un padre o una madre de familia, pues podrían influir negativamente en tus hijos y, las conductas procrastinadoras, como cualquier hábito, se cultivan desde que somos pequeños.

El área que más parece afectarse por la procrastinación es la laboral, por eso es que este libro se centra en ella, pero es simplemente un paso, porque se expande y suele afectar diversas áreas de nuestras vidas, por ejemplo, nuestra salud, el estado de nuestras finanzas, nuestro cuidado personal y nuestras relaciones interpersonales.

Lo más importante que debes saber ahora que has concluido tu lectura, es que este libro es totalmente inservible si no aplicas los consejos que aparecen en él. Yo he hecho mi parte mostrándote todas mis averiguaciones, ahora es tiempo de que hagas la tuya escribiendo tu diario de pensamientos, escuchando tu voz interior, trazando tus horarios y organizando tu día, a la vez que escribes tu lista de tareas y tu lista de procrastinación.

Debes implementar la metodología que encontraste aquí porque, de otra manera, este libro no tendrá ningún efecto en tu vida, y no valdrá el tiempo que dedicaste a leerlo. Tienes que volverte capaz de encontrar el equilibrio para entrar en el ciclo de la motivación y así evadir esos pensamientos procrastinadores que te atosigan. No se trata de eliminar por completo la procrastinación de tu vida, se trata de encontrar el momento en que llevarla a cabo no te deje hecho un manojo de nervios.

Ten en cuenta que el libro que ahora tienes frente a ti, no solo puede ayudarte a luchar contra tu problema crónico de procrastinación, sino que te introducirá en los finos caminos de la motivación y la inspiración, con lo que tendrás menos problemas al enfrentar una tarea nueva. Y lo más importante, te ayudará a entenderte a ti mismo, lo que ya es una ganancia enorme.

BIBLIOGRAFÍA

Caballero, L. (2020). *Hipnosis para perder peso*. Amazon: Seattle.

Cano, N. [@eduacción]. (18 de mayo de 2020). ¿Conoces el proceso por el qué atravesamos cuando estamos procrastinando? [Imágenes]. *Instagram*. Recuperado de: https://www.instagram.com/p/CAVhseRDjtK/?utm_source=ig_web_copy_link

Etimologías (2020). *Etimología de procrastinación*. Recuperado de: http://etimologias.dechile.net/?procrastinacio.n

Ferrari, J. (2010). *Still Procrastinating: The No-Regrets Guide to Getting It Done*. John Wiley & Sons: Hoboken.

Finanzas Personales (2011). Los trabajos más felices y más odiados del mundo. *Finanzas Personales*. Recuperado de: https://www.finanzaspersonales.co/trabajo-y-educacion/articulo/los-trabajos-mas-felices-mas-odiados-del-mundo/43312

Fundación Recal (2020). *Alcoholismo*. Recuperado de: https://www.fundacionrecal.org

Hernández, R. & García, T. (Noviembre 2018).

Impacto de la procrastinación en la productividad del gerente. *Revista Boletín REDIPE 7*. Red Iberoamericana de Pedagogía: Colombia (pp. 220-228).

Laplanche, Jean; Pontalis, Jean-Bertrand (1996). *Diccionario de Psicoanálisis*. Paidós: Barcelona.

Long, J. (2020). Los 8 distractores que más afectan tu productividad. *Entrepreneur*. Recuperado de: https://www.entrepreneur.com/article/268326

MedLine (2020). El estrés y su salud. Recuperado de: https://medlineplus.gov/spanish/ency/article/003211.htm

NIH (2013). Los beneficios de dormir. *National Institutes of Health*. Recuperado de: https://salud.nih.gov/articulo/los-beneficios-de-dormir/

Pérez, V. (2016). Procrastinación 101: todo lo que hay detrás del acto de posponer las cosas. *Hipertextual*. Recuperado de: https://hipertextual.com/2016/12/procrastinacion-posponer

Pychil, T. (2019). *La solución a la procrastinación*. Ediciones Urano: Ciudad de México.

Román, V. (2019). Joseph Ferrari, el doctor en psicología que se adelantó al boom de Marie Kondo: El desorden lleva a postergar tareas y aumenta el estrés. *Infobae*. Recuperado de: https://www.infobae.com/tendencias/2019/03/01/joseph-ferrari-el-doctor-en-psicologia-que-se-adelanto-al-boom-de-marie-kondo-el-desorden-lleva-a-postergar-tareas-y-aumenta-el-estres/

Ruiz, C. (2013). *Initium sapientiæ timor*. Recuperado de: http://elprincipiodelconocimiento.blogspot.com/2013/08/initium-sapienti-timor.html

Steel, P. (2011). *Procrastinación: por qué dejamos para mañana lo que podemos hacer hoy*. Penguin Random House: Ciudad de México.

Suárez, V. (2015). Nueve preguntas para conocerte a ti

mismo. *Entrepreneur*. Recuperado de: https://www.entrepreneur.com/article/268444#:~:text=Hay%20dos%20grandes%20d%C3%ADas%20en,Descubre%20c%C3%B3mo%20tomar%20mejores%20decisiones.&text=Para%20crecer%20y%20alcanzar%20todo,tus%20h%C3%A1bitos%20t%C3%B3xicos%20y%20exitosos

TopTrabajos (2020). Los 10 trabajos mejor pagados del mundo y cómo conseguirlos. Recuperado de: https://www.toptrabajos.com/blog/carrera/trabajos-mejor-pagados-del-mundo/

UPCCA (2017). *Los hábitos: qué son y cómo se forman*. Unidad de Prevención Comunitaria de Conductas Adictivas: Orihuela.